대한민국 지방자치

대한민국 지방자치

김세웅 지음

프리즘하우스

머리말

먼저, 이 책을 펴내기에 앞서 많은 고민을 했습니다. 그것은 문장력이나 구상력이 없는 내가 책을 펴낼 수 있을 것인가의 문제가 아니었습니다. 이 책을 펴냄으로써 가져올 사회적 물의와 파장, 그리고 솔직한 심경고백을 두고 공인으로서 자칫 오해를 사지 않을까 하는 걱정에서였습니다. 그러나 나는 3선 무주군수로서 민선자치 11년 동안 내가 겪어 온 자치의 현실을 알리는 것이 나의 마지막 의무이자 책무라고 판단을 했습니다. 무주군이 겪은 자치현실은 비단 무주군에만 국한되는 것이 아니라 우리나라 모든 지방자치단체, 그리고 범국가적 사회구조 속에서 모두가 공감하는 공통된 현상이라고 보았기 때문입니다.

30년만에 부활한 지방자치제가 제대로 뿌리내리고 있느냐에 대한 관심은 우리 모두의 관심사이고, 지방자치 무용론에서 지방자치 개혁에 이르기까지 많은 지방자치에 관한 책들이 출간되고 있습니다. 그리고 속으로는 어떨지 모르지만 자치단체장이건, 소속공무원이건, 지방의원이건, 주민이건 간에 지방자치의 성공을 이야기합니다. 그러나 우리의 자치현실은 솔직히 말해 그렇지 못합니다. 그렇다고 자치의 토양이 부실하다는 말은 결코 아닙니다. 혹자들은 수백 년 동안 서서히 뿌리내려 온 외국의 지방자치에 비해 우리나라의 지방자치는 속성 지방자치라고까지 비하하며 쉽게 이야기하는 사람도 있습니다.

그러나 이는 분명하게 잘못된 판단입니다. 우리의 자치문화는 오랜 역사를 가지고 있고, 그 기반 또한 어느 선진 외국의 지방자치단체 못지않게 튼실합니다. 절대 왕권의 통치구조의 지배 하에 있던 삼국시대부터 조선시대에 이르기까지 우리의 자치문화는 이미 성숙되어 있었습니다. 〈웰컴 투 동막골〉이라는 영화에서도 보았듯이 질서정연한 자치문화가 우리 자치의 근간이었습니다. 우리의 자치문화는 오래전부터 마을별로 촌장을 중심으로 이미 활성화되고 있었습니다. 모든 지역공동체의 문제를 법과 관습, 그리고 각자의 개성에 맞는 풍습에 의해 가장 현명하게 결정해 왔고 지켜왔습니다. 우리의 자치문화는 우리의 삶이었고 생활 자체였던 것입니다.

그렇습니다. 지방자치는 '나' 하나라는 개념보다 '우리'라는 공동체 개념이 먼저 선행되어야 합니다. '나'를 중심으로 하는 배타적 이기심을 버리고 상대방을 먼저 고려하고 배려할 때 인간과 인간 간의 관계는 물론, 인간과 자연 간의 관계까지도 개선할 수 있는 조화로운 삶을 다같이 살아갈 수 있기 때문입니다.

지난 11년간을 돌이켜보면 기쁨과 슬픔, 보람과 분노가 함께 교차하고 있습니다. 이러한 모든 것들이 자치혁명의 완수를 위해 반드시 거쳐야 할 과정이고 필수불가결적인 요소라면 나는 기꺼이 마다하지 않을 것입니다. 그러나 자치문화를 거스르는 사회적 병폐들이 속출하고 있는 것을 보았을 때 나는 과감히 맞섰고 결코 이를 좌시하지 않았습니다. 지방자치를 하려면 '주민적 입장에서 주민적 사고를 가져라.' 는 말처럼 나는 주민의 주민에 주민을 위한 자치행정을 과감하고 역동적으로 펼쳐 왔습니다.

지역의 토호와 정치적 이해집단, 그것도 모자라 일부 지방언론과 정보기관원까지 가세한 숱한 음해와 모략, 발목잡기 등으로 나의 민선자치 11년은 만신창이가 되었지만, 나를 버리고 지역을 먼저 생각하는 대승적 차원에서 이에 당당하게 맞섰습니다. 내 주변에는 나를 믿고 선택해 준 무주군민과 전국의 250개 지방자치단체, 그리고 국민 여러분이 자리하고 있다는 사실을 저는 잊지 않았습니다. '불의는 정의를 이길 수 없고 악은 선을 누를 수 없다.' 는 진리처럼 이 모든 것들은 사필귀정(事必歸正)이 되었고 제자리를 찾아가고 있습니다. 오직 지역주민을 위하고 지방자치 발전을 위한 열정과 노력만으로 이 모든 역경을 극복하고 이겨 낼 수 있었습니다.

지방자치 발전은 남의 손에 달려있는 것이 아니라 바로 '나의 마음'과 '나의 행동', '나의 관심'에 달려 있다는 가장 기본적인 진리를 깨닫게 되었습니다. 전국에서 제일가는 자치공동체를 만들어 가기 위해 지난 11년 동안의 열정과 노력을 두고 저의 인간승리라고까지 과찬을 하시는 분들도 있습니다. 그러나 분명한 것은 자치혁명의 완수를 위해 반드시 필요한 무엇인가를 알려 드리고 싶었습니다. 저에게 오늘은 현재일지 모르지만 내일의 당신에게는 저는 과거이기 때문입니다. 내일의 지방자치를 꿈꾸는 분들과 지방자치 발전을 위해 연구하시는 분들, 그리고 전국의 공직자 여러분들에게 미천하나마 요긴한 생활자치의 자료로 이 책이 쓰여지기를 바라는 마음뿐입니다.

끝으로 이 책을 쓸 수 있도록 도움을 주신 많은 분들과 저와 함께 10여 년 동안 동고동락한 무주군 공직자 여러분, 그리고 저를 믿고 지지해 준 무주군민 여러분께도 진심으로 감사의 말씀을 전합니다.

2006년 2월
김세웅

차 례

1

우리나라 지방자치
무엇이 문제인가

대한민국 지방자치
과연 성공하고 있는가

　　　　　　　　　　　　　　　　1995년 6·27 제1회 전국동시지방선거를
통하여 중단되었던 지방자치가 30년만에 다시 부활하였다. 이것은
진정한 민주주의 실현의 관점에서 대단히 환영할만한 일이었다. 그
동안 우리는 세 번에 걸친 지방선거를 통해서 민선자치시대를 열었
지만, 아직도 지방자치시대를 피부로 절감하기에는 부족한 면이 너
무 많다. 지금도 정착되지 못해서인지 곳곳에서 지방자치제도의 허
와 실이 나타나고 있다.

　　풀뿌리 민주주의라는 화려한 깃발을 들고 의욕적으로 출범했던 우
리 지방자치는 그 성과와 함께 우리 사회에 거스를 수 없는 대세가
되어 가고 있지만, 순기능 못지않게 역기능적인 부작용도 심각하다.

일부 단체장의 선거만을 의식한 방만한 예산집행, 전시성 치적 위주의 행사, 산불 및 수해·폭설 등 거듭된 재난에도 신속하게 대처하지 못한 행정태만 등은 민선자치에 대한 주민들의 불만을 가중시키고 있다.

또, 주민의 입장에서 집행부를 감시 견제하고 지역발전의 동반자적 양 수레바퀴가 되어야 할 지방의회는 그 운영이 미숙하고 비민주적일 뿐만 아니라 지방의원으로서의 품위와 자질 시비 등 주민들의 실망과 불만의 목소리가 끊이지 않고 있다.

그 외에도 지방재정의 취약성, 중앙 중심적이고 위축되어 있는 자치권, 권리의식만 팽배한 채 책임의식이 결여된 주민들의 자치의식 등은 현재까지 민선자치가 풀지 못한 숙제로 남아 있다.

우리의 지방자치는 '결정권 없는 지방자치', '세원 없는 지방자치', '인재 없는 지방자치'일 뿐이다. 그것은 자치입법권, 조직권, 재정권, 자치교육권, 자치경찰권 등 제도적인 면에서의 미비는 물론 우리나라 중앙정치의 과도한 지방자치 관여에 의한 중앙 정치 예속화 등 정치적인 요인 또한 큰 비중을 자치한다. 정당 공천에 따른 국회의원들의 지방자치 장악과 이에 따른 하수인 전락과 정당공천의 폐해 등 다양한 면에서 나타나고 있다.

행정의 지방화에서 중앙이 지방에 이양해 주는 권한 또한 아직은 미약하다. 중앙의 관료제도가 암묵적으로 혹은 노골적으로 의도하는 반지방분권적 현상유지 경향은 아직도 무시 못할 견고한 세력으로 여전히 남아 있다.

자치분권, 지방정치를 강조하고 있으나 실제 '기관분산 방식의 형식적 분권'만 추진했을 뿐 자치예산권, 자치인사권, 자치교육권, 자치경찰권 등 실질적인 '자치권한'이 이전되지 못하고 있고, 또한 '주민자치'를 정착시키지 못했다는 비판 여론이 높다.

이러한 가운데 정치권에서는 또다시 지방자치 후보자들을 모두 '정당인'으로 내세워 '정치논리'에 지방자치를 종속시키고 있어 과연 풀뿌리 민주주의가 제대로 뿌리내리고 성공할 수 있을까 하는 우려의 목소리가 더욱 커질 것으로 보인다.

또한, 지방정치를 구성하는 지방선거를 둘러싼 중앙의 간섭은 정당정치의 비민주화로 인하여 첨예화하고 있으며 한국 정치의 암적 존재인 지역갈등과 혼재되어 위험의 도를 더해 가고 있다. 아울러 지방정치 내부의 비민주적 요소도 지방정치 민주화에 매우 커다란 장애요인으로 나타나고 있는 것이 작금의 현실이다.

주민들과 직접 접하고 있는 지방정부가 주민의 욕구를 더 잘 알고 적합한 서비스를 제공할 수 있다는 것이 지방분권의 기본이다. 하지만 우리나라는 지방분권화의 정도를 가늠하는 자치권의 경우 입법권과 조직권, 행정권 등을 심각하게 제약하고 있다.

지방자치의 성공과 실질적인 지방자치의 실시를 위해서는 지방정부의 자율성 보장이 관건이다. 지방정부가 지역에서 실질적인 행정서비스 제공자로서 기능하려면 자치입법권, 자치조직권, 자치재정권을 국가와 지방자치단체 간 합리적으로 기능 배분해야 한다.

현재 우리나라의 자치입법권은 상당한 제약을 받고 있음은 물론 행정 관리 및 주민생활에 많은 불편을 초래하고 있어 자치역량을 강화하기 위해서는 자치조직권의 대폭적인 확대가 요구되고 있다. 무엇보다 현재 중앙정부가 가지고 있는 자치단체에 대한 조직권과 정원관리권을 대폭 자치단체로 이양하고, 중앙정부는 대강의 기준만 정하고 구체적인 사항은 자치단체의 조례에 의한 자율적 운영에 맡겨야 할 것이다. 그리고 자치단체의 조직 및 인사권에 대한 통제는 지방의회의 통제와 주민통제를 강화하는 방향으로 개혁되어야 할 것이다.

아직 역사도 짧은 지방분권화에 재정권마저 중앙에서 넘겨준다면 많은 비리와 도덕적 해이 등이 발생할 것이기 때문에 아직은 시기상조라는 견해가 있을 수 있지만, 무엇보다 지방정부의 과잉보호와 불신에서 탈피하는 것이 지방자치 정착의 지름길이라는 것을 잊어서는 안 된다. 세입 자치와 세출 자치의 강화는 전반적으로 취약한 지방 재정력을 보전하고 장기적으로 국세와 지방세 간의 합리적 세원조정을 가능하게 함으로써 지방은 자생력을 가지게 될 수 있을 것이다.

나는 민선 무주군수로 당선된 1995년부터 재정력 확충을 위해 많은 노력을 기울여 왔다. 당시나 지금이나 마찬가지이겠지만 국세의 대폭적인 지방세 이양은 계란으로 바위치기였고 그 대안으로 무주군이 천혜의 관광지라는 특수성을 감안해 관광세를 지방세로 신설할 수 있도록 하는 국회입법 건의와 청원을 냈다. 그러나 이러한 노력은 아직까지 아무런 해답이 주어지지 않고 있다.

전국 어느 지방자치단체도 마찬가지이겠지만 특히, 농촌지역 교육이 직면하고 있는 현실적인 문제로, 우수교육인력 부족 및 면학분위기 미성숙, 학원 등 사교육시설 부족으로 인한 개인학습여건 미조성, 노후한 교육시설 및 장비, 교육환경개선사업비 등 교육투자재원 부족, '사람은 태어나면 서울로 보내고, 말은 태어나면 제주도로 보내라' 하는 잘못된 의식, 구습과 오랜 관행에 의한 공교육의 배타성을 들 수 있다. 이로 인해 교원의 교육열의는 저조하고, 학부모의 자녀교육을 위한 대도시 유학 선호의식이 팽배되어 있으며 학생들의 향학열은 떨어지고 있는 실정이다.

무엇보다 지방행정과 교육행정의 이원화로 원활한 교육자치가 제대로 이루어지지 않아 주민만족의 지방행정을 추진하기 어렵다는 것이다. 이러한 지방교육의 문제점들과 원인들은 지방자치의 존립 문제까지 위협하고 있고 단순하게 교육만의 문제가 아닌 지역과 지방자치의 문제로 인식되어지고 있다.

기초자치단체의 지방교육재정 확충과 더불어 초·중·고등교육 운영 전반에 대한 권한과 책임을 기초자치단체장에 부여하는 등 교육자치와 일반자치를 기초자치단체에서 통합·운영하는 자치교육권이 주어져야 한다. 나는 교육자치와 교육문제 해결을 위해 대통령직속 자문기구인 교육혁신위원회에 '교육자치가 교육과 지역을 살린다.'라는 보고서를 만들어 수차례 건의하기도 했다.

그리고 경찰법을 전면 개정하여 주민생활과 매우 밀접한 민생·치안·교통 분야를 시·군·구 단위에 적용하고 점진적으로 확대하는 자치경찰권 또한 지방자치의 핵심이라는 것을 잊어서는 안 된다.

지방자치가 중앙정치화하는 또 다른 경로는 선거를 통해서이다. 중앙정치의 목적을 달성하기 위하여 선거 때에 지방자치를 정쟁의 대상으로 삼는 것이다. 대통령 선거나 국회의원 선거 전에 실시되는 지방선거는 중앙정치의 대리전 양상을 띠게 된다. 지역사회에서 해결할 수 있고 또한 해결해야 하는 각종 사안들이 정쟁의 대상이 되어 지방적 이슈가 중앙적 이슈에 함몰되는 경우가 적지 않다. 특히 선거에서 지역주의에 기초한 지방자치를 중앙정치에 이용할 때 그 폐해는 자못 심각한 것이다.

중앙정치 연장선상의 지방자치 선거 전략은 결국 밑으로부터의 자발적 참여를 어렵게 할 뿐만 아니라 참신한 정치세력이 지방으로부터 충원되는 창구를 봉쇄하는 역효과를 낳고 있다. 지방선거에서 지나친 선거운동의 제한은 선거법 여부를 둘러싸고 지방 정치인에 대한 중앙의 통제수단으로 악용될 소지가 충분하다.

그동안의 공천을 매개로 하는 중앙-지방 사이의 정치 관계는 중앙 정치의 우위로 인하여 후원-수혜의 공생 관계를 형성하고 있다. 정당 공천을 하게 되면 인사권자에게 줄을 설 수밖에 없다. 국회의원의 지역구 행사에 참여하는 것은 물론이거니와 지역구에 내려오기만 해도 졸졸 따라다니는 경우를 자주 본다. 국회의원의 입장에서는 세 과시이지만 유권자인 주민의 입장에서는 꼴불견이다. 지방정치인의 공천권을 중앙이 가지고 있음으로 인하여 이른바 공천헌금과 학연·지연을 비롯한 비민주적 정치 관계가 지방자치를 중앙정치의 예속물로 만들고 있다.

지방자치제의 정착이란 정책 결정이 중앙정부 중심으로 이뤄지는 중앙집권제로부터 자치 능력을 가지고 있는 지방정부 중심으로 전환되는 것을 의미한다. 지방자치란 중앙정부가 지방자치단체에 일정한 권한과 그것을 수행하는 데 필요한 재원을 배분하는 것이므로 지방자치의 성격과 규모를 결정짓는 가장 중요한 문제 중의 하나가 바로 중앙과 지방자치단체 간에 관계를 어떻게 설정하느냐이다.

더불어 중앙 공무원들 사이에서는 '지방은 중앙의 보육대상'이라는 인식에서 벗어나 지방분권을 제대로 추진하기 위해서 제도의 개선과 함께 지방의 역량을 강화하기 위한 방안이 함께 마련돼야 한다.

역사상 자유민주주의와 지방자치의 경험이 부족했던 우리의 경우 지방자치의 성패는 대통령을 비롯한 중앙정부의 분권화 의지와 노력에 달려 있다. 특히, 권력, 자원, 정보가 거의 중앙에 집중되어 있는 현실에서 중앙의 적정한 통제권과 지방의 자율권이 균형을 이루기 위해서는 우선 지방의 자율권 신장에 주력해야 한다.

단순히 지방의 자치로만 지방자치가 축소·해석 되어서는 안 된다. 중앙과 지방의 조화가 시너지 효과를 창출하여 중앙과 지방 모두에게 이익이 되는 비 제로섬 게임이 되어야 한다.

우리는 지방자치를 정말 잘하고 있는가

지방자치는 일차적으로 주민자치이다. 주민자치는 주민의 참여를 전제로 하여 주민 스스로 대표자를 선출하고, 주민의 의사와 책임 하에 일을 처리하고, 주민참여, 즉 자치단체와 주민과의 관계에 중점을 둔다.

지방자치가 존재하는 근본적인 이유는 지역주민의 복리향상을 위한 것이기에 지방자치의 구성요소 중 주민이 가장 핵심적인 요소라 할 것이다. 주민은 자치권 행사의 주체로서의 지위와 지방자치행정 비용의 부담자로서의 지위, 지방자치행정의 수혜자 또는 객체의 지위를 함께 가지고 있다. 따라서 지방자치는 주체요, 객체인 주민의 성숙된 민주주의 능력과 의지에 달려 있다고 보아도 과언이 아니다.

독일의 사회학자 폰쉬타인이 '지방자치는 주민재창조'라는 말이 가슴에 와 닿는다. 시민교육으로 주민들의 생각과 말과 행동을 선진 시민으로 거듭나게 한다는 점에서 지방자치를 민주주의의 학교요, 풀뿌리 민주주의라는 것이 실감난다. 이것은 지방자치가 지역적인 문제를 그에 밀접한 이해관계가 있는 주민들의 대표에게 결정하게 함으로써 지역주민의 참여의 기회를 증대시켜 참여민주주의의 실현에 기여한다. 개개인은 한편으로는 국민으로서 국가기관의 의사 결정에 참여하게 되고, 다른 한편으로는 주민으로서 지방자치단체의 의사결정에 참여하게 됨으로써 참여민주주의가 확대된다.

그러나 우리 주위에는 여전히 주민들 스스로가 지방자치의 주체라는 인식이 아니라 통치의 대상이라는 시각에서 벗어나지 못하고 있는 것이 가장 큰 문제점이다. 지방자치에 대해서 올바르게 이해하지 못하고 있는 것은 물론, 지방자치시대를 실감하고 현실적으로 받아들이지 못할 정도로 그 기반은 취약하다. 그것은 아직도 지자제시절 이전의 중앙집권적인 관치행정에 젖어 있다는 반증이다.

지방자치제도가 정착되기 위해서는 주민자치시대에 맞는 대대적인 의식변화가 선행되어져야 한다. 자치시대에 부합하도록 지역주민의 능동적이고, 적극적이며 자발적인 지방행정의 참여가 절실히 요구됨은 물론, 중앙집권적인 관치시대의 잔재를 청산하는 것 또한 매우 중요하다. 올바른 지방자치는 지역주민, 지방자치단체장, 공무원 등이 관치시대의 틀에서 벗어나 지방자치시대에 맞는 사고와 행동을 갖추고 있어야 한다는 점이다.

현 지방자치 운영에 있어서 가장 큰 문제점은 지방자치에 대한 주민의 무관심이다. 지방자치가 지역사회에 미치는 긍정적 또는 부정적 변화를 주민들이 정확하게 감시하고 협력할 때 비로소 지방자치가 지역사회에 정착할 수 있음에도 불구하고 아직도 적극적인 관심과 참여가 주민들에 의해 이루어지지 못하고 있다.

관치행정이 중앙정부의 의사에 따라 행정운영이 이루어지는 관료적 타율적 행정인데 반해 자치행정은 주민의사에 따라 행정이 이루어지며, 자주적 자율적 행정이다. 따라서 주민의 지방자치에 대한 참여 의식과 주민들의 자치능력이 무엇보다 중요하다.

지방자치의 출발점인 선거에 있어서의 낮은 투표율은 지방자치의 중요성을 지역주민이 무시하고 있다는 반증이다. 그동안 실시된 전국의 지방선거 재·보궐 선거에서 평균 20퍼센트 대의 낮은 투표율을 기록한 것이 그를 입증해주고 있다. 지역 전체 유권자의 5퍼센트 지지만 받으면 당선되는 결과가 나타난 것이다. 이와 같이 지역주민이 외면하는 지방자치는 뿌리내릴 수 없다. 특히, 남성보다는 여성들이 그리고 젊은 층들의 무관심 정도가 심한 것으로 나타나서 가장 시급히 해결해야 될 과제로 남아 있다.

지방자치의 수준은 곧 지역주민의 의식수준이며 좋은 주민만이 좋은 정부를 만들어 낸다. 지역주민들은 비판의식과 참여의식, 권리의식과 책임의식, 시민의식과 공동체의식이 조화를 이루는 가운데 성숙된 주인의식을 가지고 지방자치를 지원하고 가꾸어 나가야만 현재 처해 있는 지방자치의 시련을 극복해낼 수 있다는 사실이다.

요컨대, 주민이 뜻하는 만큼에서 지방자치의 수준이 정해지고 주민이 원하는 만큼만 지방자치의 성과가 나타난다는 사실은 지난 지방자치의 성과를 통해서 배우게 되었다. 우리 모두가 지방자치에 대한 올바른 의미를 재음미하고 현명한 판단과 운영으로 부작용을 최소화하면서 최대의 성과를 추구해 나갈 때 지방자치의 올바른 발전과 국가와 지역발전의 새로운 전기를 마련할 것이다.

지역주민들은 단순한 거주민으로서 관 의존형에서 탈피하여 자기부담과 봉사를 통하여 자신의 지역문제를 해결하여 가려는 참여와 책임의식이 필요하다. 따라서 민주시민으로서의 자질, 시민성의 배양을 위한 교육과 훈련이 필요한데 이는 자치행정에의 참여과정을 통한 훈련과 지역 언론, 지방대학, 지방정부가 협동하는 민주시민교육 등을 통하여 얻어질 수 있다.

지방자치는 형식적 절차의 제도화만으로 이루어지지 않는 것이며 민주적 시민사회가 정착되고 시민들의 자발적인 참여가 보장될 때 완성될 수 있다.

지방자치가 실시 된 이후의 또 하나의 특징은 권리만 있고 책임과 의무가 실종되고 있다는 사실이다. 지방자치 기능 중에는 행정서비스기능과 집행기능으로 나누어서 볼 수 있다. 지자제가 실시된 후 단체장들은 표와 직결되는 행정서비스 기능은 소홀히 할 수 없었다. 그 결과 행정서비스 기능 등 지자제의 질적인 면에서 많은 성장이 이루어져왔다. 높게만 여겨졌던 관청의 문턱이 없어졌고 공무원들은 고압적인 자세에서 진정한 주민의 공복으로 거듭났다. 인·허가 하나를 내더라도 예전에는 민원인이 직접 관청에 들러 이 부서 저 부서를 돌며 처리했던 것이 원스톱 서비스제로 바뀌었고 지금은 온라인 민원제도 활성화로 민원 담당자와 얼굴을 대면할 일조차 없을 정도로 편리해졌다.

그러나 행정 처분 등 단속·집행 기능은 표를 잃을 수도 있다는 점에서 소홀히 하고 있다. 행정처분은 위험수위에 올 정도로 무기력해진 면이 있다. 세금 납부가 잘 안되더라도, 독촉은 물론 가압류 등 행정처분을 제대로 하지 않는 경우가 많다. 그 중 불법과 맞서는 주정차, 노상적치물, 불법건축물 등 단속기능과 국민의 4대 의무 중 하나인 납세의무를 저버린 체납지방세의 증가 등 행정 통제기능이 현저히 떨어졌다는 것이다. 그 이유인 즉 지방자치단체장이 선출직인 관계로 단속의 대상인 주민들을 모두 표로 의식하고 계산을 했기 때문이다.

대다수 자치단체장이 선출직인 이유로 인해 단속과 처분을 적극적으로 하지 않는 경향도 있었지만, 지역 주민 또한 이러한 선출직 단체장의 맹점을 이용해 불법을 상습적으로 일삼는 경향이 많았다. 특히, 지방자치단체장이 이러한 단속기능을 강화했을 때 '어디 두고 봅시다.'란 한 마디의 말은 부담이 아닐 수 없다. 나는 민선 시작과 함께 불법과의 전쟁을 선포했다. 내가 군수직을 그만 두는 한이 있더라도 주민만족의 서비스기능을 전폭적으로 강화하는 반면 공익을 해하는 불법과 탈법은 절대 용납하지 않을 것임을 밝혔다. 통제를 좋아할 이는 이 세상에 아무도 없다.

나는 세금의 징수 및 효율적인 집행을 위해서 상습적인 체납자에게는 검찰에 고발해 세금의 조기 징수와 상습 체납의 재발 방지를 막기 위해 노력하였다. 이러한 움직임에 대해서는 군정을 음해하는 조직적인 세력이 나타날 정도였다.

실례로 무주읍 시가지 가로환경정비사업을 마무리하고 깨끗하게 포장된 도로변에 보행자의 안위는 전혀 생각지 않고 상가의 물품을 진열하는 불법 노상적치물과 인도를 아예 가로막는 불법 주정차와 전쟁을 벌였다. 도로는 차량소통을 목적으로 하고 인도는 사람통행이 원활하게 이루어질 수 있도록 하는 각각의 주행권과 보행권이 있다. 이러한 주행권과 보행권을 침해하는 행위는 자유가 아닌 말 그대로 개인주의에 사로잡힌 방임이었다. 이를 두고 지도와 단속을 강화하면 이는 통제가 되고 대상인 상가는 통제의 대상으로 반발과 갈등의 화근이 됐다. 두 말할 것 없이 거센 반발에 부딪혔고 교통질서와 보행권을 해결하지 못하는 군정에 모든 화살이 되돌아왔다.

무허가 건축물을 방치하고 방임한다면 누가 건축 관련 허가와 세금을 내고 집을 짓겠는가를 생각해 보아야 한다. 건축행정은 마비되고 만다. 무허가 건축물이 생기면 일차적으로 자진 철거를 위해 설득을 하지만, 거기에 응하지 않으면 강제 철거하는 등 원칙 중심의 행정을 펼치고 있다. 법과 원칙에 따라 소신행정이 이루어져야 한다는 것은 나의 군정 철학이었다. 법은 누구에게나 공평하게 적용되어야지 법의 집행을 악 이용하는 자들에 의해 법의 공정성과 형평성이 무너져서는 안 된다는 것이 나의 소신이었다.

공공의 질서와 공익을 위해서는 공동체가 반드시 해야 할 일이 있다. 불법과 탈법 행위에 대해서는 엄중한 제재를 가해야 한다. 표를 의식해 제재를 하지 않고 공공질서와 공익을 유지할 수 없다. 불법

형질 변경, 쓰레기 무단 투기에 대한 단속도 강화해야 한다.

나는 원칙은 지키되 최대한 설득을 하고 기회를 주고자 한다. 고의적이고 의도적이고 상습적인 사람과 달리 선량한 사람과는 비교해서 행정업무를 처리하도록 한다. 진짜 살기 어려워서 세금을 체납한 경우이면 대안을 제시해 지역주민을 도와주어야 한다. 예를 들어 자동차세를 체납한 부분만큼 공공근로나 취로사업을 통해 일정한 수입을 얻어서 세금을 납부하도록 하고 있다.

버티는 사람이 이기면 안 된다. 이렇게 되면 누가 세금을 납부하겠는가? 그러나 나는 설득이 안 될 때에는 단호하게 업무를 처리한다. 또 고질적인 고액 체납자에 대해서 과감하게 재산압류조치는 물론, 검찰에 고발까지 두려워하지 않았다. 강한 체납세 일소 시책을 펼치면서 실무담당자들에게 한편으로 강력한 징수를 요구하면서도 선의의 피해자들이 발생치 않도록 특별히 당부했다. 생활실태를 먼저 파악하고 고의적이지 않은 생계형 체납자에 대해서는 분납 등의 방안을 강구할 수 있도록 하기도 했다.

주민을 통제의 대상이 아닌 섬김의 대상으로 다함께 꾸려나가는 자치공동체를 만들어 나가자는 의도였다. 지방자치는 인기영합주의에 빠지고 표를 의식하면 망한다. 지방자치단체장은 공공의 질서와 개인의 생활을 함께 고민하는 고뇌의 자리에 있는 것이다.

지방자치 관료화는 막아야 한다

우리 지방자치 발전의 걸림돌은 관치시대에서 잔뼈가 굵은 관료들이 지방자치시대에도 여전히 영향력을 행사하고 있다는 점이다. 다시 말하면 관치시대 관료주의의 병폐가 지방행정에 그대로 남아 군림하고 있다는 것이다.

지방자치제가 본격 시행되기 전 지방정부는 국가가 정한 정책의 성실한 집행자라고 말할 수 있다. 모든 전략과 계획은 최상층부인 청와대와 중앙부처에서 수립하였고 그 외의 지방기관들은 국가계획에 따라 군대식 관리기법으로 일사불란하게 움직이는 방식으로 철저히 집행위주의 행정체제였다.

지방자치제 시행 이전에는 상급기관에서 지침이 내려오기 때문에 지방공무원의 문제해결능력과 정책분석능력 등 전문성이 크게 문제가 되지 않았고 공문의 지침대로 성실히 수행하고 보고만 잘 하면 됐다.

장기적인 안목과 기획으로 정책을 수립하고 실행할 수·있는 전문가보다는 지침을 효과적으로 수행할 수 있는 일반 행정가 위주로 행정체계를 만들었고 순환보직이란 구실로 업무를 완전히 이해하기도 전에 부서를 옮기는 경우가 많았다.

특히, 전문교육보다는 국정이념 주입의 정신교육으로 진행되어 결국 지자체 스스로 아마추어 행정가만을 대량으로 양성하는 결과를 초래하였다. 이러한 행정운영방식은 행정행위가 비교적 단순했던 시절에는 효과적일 수 있지만 이해관계가 복잡하고 다양하게 얽혀있는 현 상황에서는 중앙부처에서 정책을 수립하고 지자체에서 시행하는 과거의 행정방식은 적합하지 않다.

지방자치시대인 지금까지도 관료주의 폐해를 청산하지는 않았는지 뒤돌아보아야 한다. 아직도 행정업무에 있어서의 무사안일과 복지부동, 전시행정 등 그 폐해는 너무 크다.

관료주의가 갖고 있는 병폐는 크게 권위주의, 계서주의, 가족주의, 온정주의, 운명주의 형태로 나타난다. 이러한 관료주의의 병폐들은 결국 조직 내에서 생산성을 떨어뜨리고 경쟁력을 유발하지 못해 그

심각성이 더하고 있다.

　권위주의를 타파하려면 일단 목에 힘을 빼면 된다고 한다. 목에 힘
을 빼라는 말은 과거의 향수를 잊으라는 말이다. 이러한 권위주의는
조직 내에서는 하급자가 상급자에게 맹종할 수밖에 없는 분위기를
만들어 과잉동조, 과잉충성을 유발해 조직원 개개인의 창의성을 억
압하고, 능동적이지 못한 피동형 인간화를 유도해 해바라기 형으로
만들어 버린다.

　대주민관계에 있어서는 권위주의가 주민위에 군림하려는 관인지
배적 형태를 유발시켜 풀뿌리 민주주의의 근간인 주민의, 주민에, 주
민을 위한 지방자치의 본질을 크게 훼손시키고 있기도 하다.

　특히, 권위주의는 옷만 갈아입는 형태의 외형만을 바꾸는 전시적
행정으로 고쳐지는 것이 아니라는 것을 명심해야 한다. 낡은 권위주
의와의 청산을 외치면서 단체장이 관용차를 소형차로 바꾸는 외형적
인 변화가 아니라 주민들과 또 이들을 위해 봉사하는 공직자들과의
격의 없는 대화와 어우러짐을 통한 내적인 충격이 바로 권위주의의
청산이고 진정한 지방자치의 실현인 것이다.

　우리는 유달리 사회적 층화를 존중하고 신분에 따른 계층의식을
강조하는 성향이 짙다. 'ㅇㅇ고 출신', 'ㅇㅇ시·군 출신', 'ㅇㅇ가문

출신' 등 학연, 지연, 혈연을 중심으로 권력이 집중되고 마치 공조직이 사조직화되는 전통 관료제의 계급질서가 아직도 전염병처럼 창궐하고 있다. 실례로 우리 전라북도만 보더라도 특정학교인 'J고 마피아'라는 말로 대변되는 이러한 계서주의에 대한 비판의 목소리가 높게 일고 특정고 출신들이 지방행정을 거의 장악하고 있다.

물론 특정학교, 특정지역 출신이라 하더라도 개인의 출중한 능력에 의한 천거라면 괜찮다. 그러나 문제는 연줄과 선후배를 통한 릴레이식 요직 장악이 문제이다. 주민을 위해 열심히 일할 유능한 인재의 발굴이라는 측면에서 볼 때 한탄스러울 뿐이다.

지방행정에 임하는 공직자들 사이에서 '좋은 학교 못 나오고 빽 없으면 출세할 생각 마라'는 인사독식의 병폐는 결국 부정과 부패, 부조리를 낳게 되고 자신들만의 학연, 지연으로 만든 철옹성을 지키기 위한 수성전략들에 의해 지방자치가 골병들고 있다는 사실을 간과해서는 안 된다.

우리는 지방행정을 수행하면서 유달리 정이 많고 의리가 많다. 물론 용서와 관용을 중요시하는 민족성이라고 쉽게 치부할 수 있지만 공과 사를 분명하게 구분하지 못하는 이러한 온정주의 행정은 전형적인 관료주의의 폐해로 조직 내 경쟁력을 유발하지 못한다.

어떤 면에서는 조직 내에서 정이 넘치는 분위기는 딱딱한 관료적인 성향을 완화하고 동료 간의 협동을 촉진할 수 있다. 그러나 행정의 합리성과 공평성이라는 측면에서 볼 때 조직의 목표와 국민을 위한 정책에 대한 충성심보다 상관에 대한 인간적인 충성심 그리고 조직 내의 친분관계를 우선시하는 경향으로 나타나 조직 내의 갈등을 해결하지 못하고 회피하는 경향이 발생해 지방자치와 조직의 발전을 저해한다. 원만한 대인관계보다 스스로의 능력개발이 중요시될 수 있도록 하여 정과 의리에 이끌리는 온정주의를 떨쳐 버려야 할 것이다.

선출직 공무원의 신분인 지방자치단체장의 입장에서는 자신의 다음 선거나 행정업무를 수행함에 있어서 적을 만들지 않기 위해 신상만 하고 필벌은 하지 않으면서 인사문제를 다루지 않거나, 공무원의 반발 등을 우려해 소신 있는 행정을 하지 못할 경우에는 관료제가 가지고 있는 책임 보다는, 복지부동, 무소신의 비능률적인 면만 노출하게 된다.

무엇보다 관료사회가 갖고 있는 복지부동과 무사안일, 그리고 전시행정의 폐해가 나타나지 않도록 비관료적이며, 창조적인 리더를 지역단체장으로 선출해야 하는 것은 미국 몽고메리 시가 잘 대변해 주고 있다.

한때 미국 최대 섬유산업 도시로 번성했던 몽고메리는 섬유산업이 사양길로 접어든 1980년대 중반부터 극심한 지역경제 침체를 겪었다. 반전의 계기는 1990년대 중반부터 이뤄진 외국 자동차 기업을 유치한 때부터다. 1996년 세계적 자동차 기업인 독일 다임러벤츠와 일본 혼다가 이곳에 자동차 생산라인을 구축했다. 이어 2002년에는 현대자동차 공장도 유치했다. 여기에는 해당 지방자치단체장의 리더십으로 대변되는 창조적 발상전환과 이에 따른 파격적인 인센티브 부여가 생동하는 도시로 바뀌게 된 계기가 되었다.

현대차를 유치하기 위해선 심지어 주 헌법까지 개정했다. 당초 현대차 공장 용지로 예정된 210만 평은 개인 6명이 소유한 사유지였다. 알라바마주 헌법은 외국인에게 토지 소유권 이전을 금지하고 있었으나 현대차의 투자 제안에 따라 주민 투표를 거쳐 주 헌법을 개정한 것이다. 몽고메리 시는 현대차 파견 직원들을 위해서 '현대 가족 지원' 부서를 신설해 주택 구입부터 전기·가스 신청, 자녀들 등하교까지 책임지는 고객 감동 전략을 구사했다.

우리 지방자치제가 정착하기 위해서는 이제 관료주의에 젖은 관료 출신들이 아니라 창조적인 발상과 경영 마인드를 가진 인물이 되어야 함은 누구나 부인할 수 없는 사실이다. '한 번의 선택이 10년을 좌

우하는 것'이 아니라 평생을 좌우한다는 인식을 가질 때 우리는 지방

자치선거에서 관료주의 병폐들을 퇴출할 수 있을 것이다.

인기영합주의에 빠지면
지방자치는 망한다

지방자치제 실시 후, 많은 면에서 변화가 일어나야 한다고 생각했다. 그 변화의 선두에는 군수인 내가 앞장서고 주민이 함께 동참하는 구도로 진행되어 갔다. 변화와 혁신에는 저항도 있으니 선출직인 군수에게 저항하는 세력이 조직적으로 움직이기 시작했다. 선거에서의 표를 의식하기 때문에 군수의 과감한 의사결정이 어려울 것이라는 전제가 깔려 있었다. 그러나 나는 표를 의식하지 않기로 했다. 법과 원칙, 건강한 민심의 소리에 귀를 기울이기로 했다.

특히 이해관계자들이 많아 표의 결집력이 크거나 출마자들의 공약과 상관관계가 큰 이익단체이거나 업계의 요구에 영향을 받는 정책일수록 선심성 유혹에 빠질 위험이 여전히 많다. 선심이 늘어날수록 재정에 구멍이 생기고, 경제에 왜곡이 발생한다. 선심성 정책의 효과도 의심스럽다. 정책의 계산된 의도가 뻔히 보이는데 현혹될 유권자는 많지 않다. 선거철이면 되풀이되는 선심성 정책의 악순환을 정부와 유권자들이 함께 끊어야 할 시점이다.

지방자치단체는 앞 다투어 일류 서비스를 발 빠르게 벤치마킹(Benchmarking : 창조적 모방)하고 있으나 전시적이고 형식적인 서비스로 전락하는 경우도 적지 않게 발생하고 있다. 그러나 기업의 서비스나 내·외 자치단체의 행정서비스를 벤치마킹하는 데 열중함으로써 행정서비스의 양과 질 모두 향상하고 있는 것도 사실이다. 그러나 외국 자치단체의 행정서비스를 우리의 자치단체가 무분별하고 성급하게 도입함으로써 그 효과 때문에 문제가 된다. 특히, 예산을 투입해서 시설을 설치한 후에는 전혀 가동을 하지 않는 경우가 있는가 하면 생색과 선전만 열중하고 내실을 기하지 않는 사례가 늘어나고 있는 실정이다.

행정서비스의 양적·질적 수준은 향상되었으나 자치단체가 지나친 과잉서비스를 하는 경우가 발생하기도 한다. 지방선거를 의식하지 않을 수 없는 자치단체장은 예산의 뒷받침이 없는 서비스를 무제한으로 제공하려는 경향이 강한데 비하여, 본래의 업무에 매달리지 않을 수 없는 공무원들은 수동적이고 소극적인 자세를 취함으로써 질 좋은 행정서비스가 제공되지 않는 경우도 발생하고 있다.

우리나라는 정책 대결이 아닌 조직선거요, 바람선거였다. 그 결과 후보자들은 선거조직의 근간이 되었던 관변단체에 대한 예산 지원과 선심공약을 남발 하는 경우가 노출되기도 했다. 또한 표를 의식한 자치단체장의 선심행정과 더불어 선거에 있어서 지지를 바탕으로 한 관변단체의 조직적 떼쓰기와 으름장에 무기력한 단체장의 모습을 보이기도 했다.

선심행정의 폐해는 우리 주위에서 흔히들 보아왔다. 쾌적한 생활환경 조성을 우선 과제로 삼아야 하는 자치단체가 지역경제 활성화 차원에서 기업을 유치한답시고 경쟁력도 없고 환경오염을 유발하는 사장산업을 유치하는 것은 대표적인 전시행정이자 선심행정의 하나로 꼽히고 있다. 실례를 들면 수도권 지역에서 이미 경쟁력이 없어 퇴출될 천덕꾸러기 기업을 모셔오려 한다면 이에 동조하지 않을 기업은 하나도 없을 것이다. 기업으로서는 어차피 이전해야 할 기업의 이전 비용을 보전 받아서 좋고 또 기존 공장용지의 지가상승 효과를 볼 수 있어 이러한 좋은 조건을 놓칠 리 없다. 이제 행정은 숫자놀음이 아니라 내실을 분명하게 다져나가야 한다.

주택보급 문제를 해결한답시고 무분별한 도시계획과 도시정책으로 도시 전체의 쾌적한 주거환경을 망쳐버린 전주시와 전라북도의 책임전가식 다툼 또한 선심행정, 전시행정의 대표적인 사례다.

무분별한 도시계획으로 도시 전체에 고층아파트가 난립함으로서 전주시는 도시의 열섬현상으로 여름철 온도가 우리나라에서 제일 덥다는 대구보다도 높이 올라가고 있다. 이를 두고 시민들의 원성에 당황한 전주시와 전라북도 간에 옥신각신 서로의 책임을 갑론을박하고 있지만 어느 누구의 잘잘못을 따지기 이전에 과연 근본적인 문제가 어디에 있었는가를 솔직히 생각해야 한다.

일반적으로 음택과 양택으로 구분되는 개인의 묘터와 집터를 자리 잡을 때에도 바람길(風), 물길(水)을 비켜서 자리를 잡는 것이 보편화된 상식임에도 수천 세대가 공동으로 거주하는 고층아파트를 허가하면서 이와 같은 상식을 깡그리 무시하고 아파트 건설업자들의 이해만 좇아서 고층아파트 건설허가를 남발했다는 것은 두고두고 지탄을 받아 마땅하다 할 것이다.

주택보급문제도 중요하지만 이 문제를 해결하기 위해 도시민 전체의 쾌적하게 살 권리를 담보로 고층아파트 허가를 남발한 것은 빈대 잡자고 초가삼간 다 태우는 격이 아닐 수 없다.

이렇듯 전시행정과 선심행정의 폐해는 사회적 물의와 함께 엄청난 후유증으로 나타난다. 무엇보다 중요한 것은 결과적으로 이 피해가 지역 주민들에게 고스란히 돌아온다는 사실이다. 철저한 검증을 통해 이 같은 과오를 되풀이하지 않도록 제도적인 재발방지대책을 수립해야 할 것이다.

자치단체장은 'NO'라고 말할 수 있는 용기와 표를 잃을 각오를 해야 한다. 표를 의식한 행정은 결국 주민에게 손해가 되는 행정이 되고 만다. 표를 얻고자 주민에게 선심행정을 펼치고, 행정의 본래업무를 소홀히 하게 된다면 그 피해는 결국 주민들에게 전가되고 만다. 전시행정으로 낭비된 예산은 결국 주민들이 필요로 하는 불요불급한 사업에 사용하지 못하게 됨은 물론, 법과 원칙을 무시한 편의주의적인 행정은 법질서를 붕괴해 행정체계를 무시하고 지방자치의 근간을 송두리째 흔들고 만다.

자치단체장이 하는 행정 업무는 어느 것 하나 소홀히 다룰 수 없다. 한 예로 자동차 불법 주정차 단속은 당사자에게는 아주 사소한 일로, 우리 모두 그렇게 생각하고 넘어가는 일이다. 그러나 만약 화재가 발생해 무질서한 주정차나 불법 주차로 인해 소방도로의 기능이 제대로 발휘하지 못할 때는 인명은 물론 재산상의 엄청난 손해를 보게 할 수도 있다. 따라서 무엇보다 불법 주정차는 물론 지역 주민들이 이웃이나 남을 배려하는 시민의식이 있어야 하는 것은 당연한 일이다. 단속의 손길 때문에 마지못해 응하는 타율적인 행정문화와 후진적인 시민 문화로서는 지방자치단체의 발전이 어렵다. 무엇보다 공동체로서 지방자치단체와 시민의식이 상생하는 것이 매우 중요한 일이다.

단속이나 처분, 그리고 제재에 대해서 좋아할 사람은 아무도 없다. 때로는 선거직의 맹점을 악이용해 정치적 앙심을 품는다고 해서 적절히 타협하고 묵인·방조하면 안 된다. 단호하게 행정업무를 할 때 박수 치는 사람이 있다는 것을 알아야 한다. 원칙 중심의 행정, 소신 행정에 예외는 없어야 한다.

공직 사회 내부 또한 마찬가지이다. 본인 자신의 과오로 징계 받은 사람도 승진이나 성과에서 제외되면 인사 불만을 가지기 마련이다. 자치단체장은 인간적, 정치적으로 엄청난 부담을 지니게 마련이다. 인사의 공감대가 잡음 없이 형성될 때 조직에서 인정받는다. 인사의 원칙이 무너지고, 사적인 감정으로 처벌할 경우 인사권자의 권위가 무너지게 되고 만다. 중징계를 받아야 할 사람이 솜방망이 처벌을 받을 때 공직기강이 문란해진다. 신상필벌은 기본이다. 정실인사나 논공행상, 의외의 인물이 인사 대상이 되어서는 안 된다. 그렇게 될 때에는 인사권자를 신뢰하지 않을 뿐만 아니라 공직사회 내부의 반발과 저항에 직면하게 된다.

지방자치단체장이 적을 만들지 않고 단체장 업무를 한다는 것은 거의 불가능하다. 그것은 교활한 고등사기꾼이나 할 수 있는 일이다. 적이 없다는 것은 소신행정을 하지 않았다는 반증일 수도 있다. 행정을 원칙 중심으로 하지 않으면 공직 사회 내부적으로 제대로 되는 것이 없고 결과적으로 주민이 피해를 보는 것이다.

그래서 지역자치단체장은 표를 의식하지 않고 법과 원칙을 지키는 소신행정을 펼쳐야 하는 것은 기본이다. 자치단체장이 갖춰야 할 리더십의 제일 덕목은 자기관리에 엄격하고 비리와 약점이 없어야 하며 매사에 솔선수범해야 한다. 그래야 조직과 주민을 설득할 수 있고 원칙 중심의 소신행정을 자신있게 펼쳐나갈 수 있기 때문이다.

성공한 동반자와 실패한 양 수레바퀴

　　　　　　　　　풀뿌리 민주주의의 핵심기관인 지방의회가
제 기능을 발휘하지 못하는 상태에서 지방자치는 결코 발전할 수 없
다. 지방자치제의 정착은 지방자치단체장 혼자의 힘만으로는 불가능
하다. 자치단체장의 일에 대한 열정과 법과 원칙을 지키는 소신행정,
주민의 적극적인 참여, 그리고 지방의회의 건전하고 생산적인 비판
과 양심적인 시민세력의 감시와 지원 등 다양한 요인이 제 역할을 담
당할 때 가능한 일이다.

　30여 년만에 새로 시작한 우리나라 지방자치에서 지방의회에 거는
기대는 매우 크다. 그간 행정의 기능이 팽창되어 오면서 시민 위주보
다 관료와 지역 토호 위주로 흘러온 데 대한 견제와 감시를 통하여

이를 순수한 시민행정으로 변화시켜야 하는 책무가 지방의회의 기능수행에 상당부분 달려 있다.

지방의회에 새롭게 기대되는 역할도 많다. 주민복지증진과 삶의 질 제고에 대한 정책개발, 국제적 변화의 감지와 이의 정책반영, 지역사회의 여론수렴과 여론주도, 주민대표로서 주민의사의 정책화, 민주행정의 유도 등도 바로 지방의회 기능수행의 정도에 따라 크게 달라질 수 있다. 바로 이런 점들 때문에 지방자치의 성공은 상당부분 지방의회의 기능수행에 따라 좌우된다고 할 수 있다.

지방분권화는 지방자치단체의 자치권, 즉 자치입법권, 자치행정권, 자치조직권, 자치재정권의 확대를 뜻하게 되고, 이에 따라 지방자치단체의 의사결정기관인 지방의회의 권한과 기능도 그만큼 커질 것이기 때문이다.

지방의회의 기능수행에 대한 역할기대가 이처럼 크지만, 우리 지방의회는 그간 이에 적극적으로 부응해 오지 못했다. 지방의원의 전문성 부족, 도덕성과 공인의식의 부족, 각종 이권개입과 권위주의적 행태, 지역사회의 일꾼이라는 적극성과 역할의식의 부족 등이다. 이에 따라 우리의 지방자치에서 지방의회의 위상은 기대 이하에 머물러 있으며, 지방의원은 지역사회의 대표로서 존경과 선망의 대상이 되기보다는 비난과 불신을 받는 경우도 다소 있었던 것이 사실이다.

　지방자치단체장과 지방의원의 역할에 대해서 생각해 볼 필요가 있다. 우리나라에서는 지자제가 실시되고 있지만 지방자치단체장과 지방의원들은 공히 지역 살림을 책임지는 행정기관이라는 인식을 무시하고 있다는 점이 큰 문제점이다. 두 기관 간에 불필요한 대립과 갈등을 방지하여 지방의 에너지를 지역발전으로 이용할 수 있어야 한다.

　현행 지방자치법은 단체장과 의회를 독립된 기관으로 설치하는 기관대립형 제도를 채택하여 지방의회는 지방자치단체의 의사를 내부적으로 결정하는 최고의결기관으로서의 지위를 지니고 단체장은 외부에 대하여 지방자치단체의 대표로서 지방자치단체의 의사를 표명하고 그 사무를 통할하는 집행기관으로서의 지위를 지닌다. 지방자치단체가 행정사무만을 업무로 한다는 점을 생각하면 그 구성기관인 지방의회도 일종의 행정기관이라는 점은 자명하다. 대통령과 정부는 권력분립의 원칙에 따라 기능을 분담하지만 지방의회와 지방자치단체장 간의 관계는 권력분립의 원칙에 근거한 것이 아니다.

　지방의회와 단체장 간의 관계는 권력의 남용을 방지하기 위한 '견제와 균형'의 원리가 기본이 되며 지방의회는 행정사무 감사와 조사권 등에 의하여 단체장의 사무집행을 감시 통제하고 단체장은 의회의 의결에 대한 재의 요구권 등으로 제동을 가할 수 있다. 또한, 단체장과 의회 간에 대립과 갈등이 야기된 경우 이를 완화시켜 행정이 원만히 수행될 수 있도록 제도적 조정장치가 마련되어야 한다. 즉 양자의 관계는 분업과 협업, 그리고 통제의 원리에 입각하고 있다고 볼 수 있다.

자치단체장과 지방의원의 역할의 사례는 방사성 폐기물의 처리장 (방폐장) 부지 선정 문제가 좋은 하나의 선례가 되고 있다. 방폐장 부지 선정 문제는 지난 20여 년간 우리 사회의 갈등과 대립의 상징이었다. 대표적인 기피시설로 낙인찍혀 가는 곳마다 주민과 환경단체들의 격렬한 반대에 부딪혔다.

그런 방폐장이 과거와는 아주 다른 양상 속에 부지 선정 절차가 지난 해 진행되었다. 경북 경주·포항·영덕과 전북 군산 등 4개 시·군이 치열한 유치경쟁을 벌인 것이다. 무엇보다 다른 점은, 일부 지역에서 갈등은 있었지만 과거처럼 극렬하지 않았다는 점이다.

불과 2년만에 어떻게 이렇게 달라졌을까? 이는 지역이기주의 극복을 위한 새로운 시도라는 관점에서 살펴볼 만하다. 기피·혐오 시설을 둘러싼 지역이기주의의 가장 큰 요인은 보상 문제와 입지 선정 절차의 정당성 문제였다. 이번 방폐장이 초점을 맞춘 것도 이 두 가지였다.

지난 해 3월 제정된 방폐장 관련 특별법이다. 전에는 정부가 입으로만 지원 약속을 해 주민들이 미심쩍어했다. 그게 3,000억 원의 특별지원금, 매년 평균 85억 원의 폐기물 반입 수수료 수입 등 법적 명문화로 바뀐 것이다. 더 주목할 만한 것은 절차상으로 과거와의 가장 큰 차이는 주민투표를 도입한 점이다. 4개 시·군에서 작년 11월에 주민투표가 실시돼 찬성률이 가장 높은 경주가 부지로 결정되었다.

2003년 7월 전북 부안군 위도의 경우만 해도 부안군수가 유치 신청을 하자마자 반대 투쟁이 벌어졌다. 주민들이 군수를 집단 폭행하고 부안군 내는 두 달간이나 전쟁터를 방불케 하는 시위장으로 변했다. 방폐장 유치 지역 부지 선정 절차가 정부의 안면도와 굴업도의 일방통행식 결정과 달리 위도의 경우는 부안군수가 자발적으로 유치 신청을 하였으나 지방의회의 동의를 받지 않았다. '밀실에서 내린 독단적 결정'은 결국 주민들의 극렬한 반대 명분이 됐다.

그런데 이번에는 지역에 의사결정을 맡기면서 절차의 투명성과 민주성을 법에 명시했다. 지방자치단체장이 유치 신청을 하되 그 전에 지방의회 동의를 얻도록 한 것이다. 단체장은 동의를 얻기 위해 주민토론회와 사전 여론조사를 실시했다. 이런 과정을 거치면서 찬반 여론이 1차로 걸러졌다. 대립과 갈등이 극렬하지 않았던 것은 이 덕분이 컸다.

무엇보다 지방의회가 제 역할을 하기 위해서는 생산적인 비판, 건전한 비판과 견제가 전제가 되어야 한다. 다시 말하면 시장이나 군수 등 지방자치단체장이 하는 일을 무조건적으로 비판하는 것은 지방의원의 권력 남용이고, 행정의 비효율성만 노출하게 된다. 대안도 없는 무조건적인 비판은 지방의원들의 능력 부족을 스스로 자인하는 것이나 다름없다.

지금 경향 각지에서 일어나고 있는 자치단체장과 지방의회와의 갈등은 대화근절에서 일어나는 경우가 많다. 지방의원이 지방자치단체장과 대화를 하지 않고, 업무에 무조건 협조하지 않는 것이 선명성을 가지고 의정활동을 잘하는 것으로 착각해서는 안 된다.

지방의원들 중에는 단체장과 심한 대립관계인 경우가 종종 있다. 그것은 본인의 갈등이거나 단체장과 정치적 이해관계를 달리하는 세력들과 연계되어 있는 경우 비생산적인 방향으로 문제는 심각하게 대두된다. 자치단체장과 대화하고 협력하면 연계 세력으로부터 사꾸라가 되고, 단체장을 무조건적으로 비판하고 흠집 내면 자신들의 동지요, 우군이 되는 그런 이분법적인 사고를 갖고 있는 한 지방자치가 제대로 성숙되지 못한다.

지방의회의 역할 중에 예산 심의 부분에 임하는 자세가 매우 중요하다. 다시 말해서 예산 삭감만이 능사가 아니라는 것이다. 자치단체장이 일할 수 있게 지원해 주는 것도 지방의원들이 해야 할 일이다. 업무를 바르게 집행했는가, 예산을 낭비하지는 않았는지 등 단체장의 능력과 업무집행 등 행정적인 면을 비판 감시하면 되는 것이다. 무조건 자치단체장이 하는 업무에 대해서 발목잡고 흠집 내기만 해서는 안 된다.

일부 지방의원들이 지위를 이용하여 이권 청탁, 인사 청탁 등이 은근하게 요구되었을 경우, 이러한 청탁이 고분고분 받아들여지지 않았을 때 보복성 행정사무감사와 무차별적인 예산삭감 등 감정적인 의정활동으로 변질되어 파행을 일삼는다면 그 지방자치단체의 미래는 참담하기만 할 것이다.

지방자치단체장과 지방의회의 소모적인 갈등은 지역을 망치는 결과를 낳는다. 비생산적인 갈등과 견제가 아닌 생산적인 갈등으로 지역을 발전시키도록 하여야 한다.

지방의원 스스로 냉엄하게 자성해야 할 때가 되었다. 스스로의 수준을 평가하고, 자신들의 가치와 위상을 높이기 위해 피나는 노력과 열의가 있을 때 지방의회의 전문성 확보는 물론, 지방자치가 성숙될 것이다.

무엇보다 사업과 업무에 대한 비판과 반론을 가지려면 자기 논리와 소신은 물론 자기 학습과 자기 실력을 가지고 대화하도록 하여야 하며, 대화 자체를 거부해서는 곤란하다. 5대 의회부터 지방자치단체 예산으로 지방의원들에게 보수를 지급하게 되어 있다. 예산 낭비라는 비판을 듣지 않기 위해서는 업무에 대한 전문성 확보와 자질과 능력향상 또한 사명의식과 봉사정신이 중요하다.

2

주식회사 지방자치, 경영으로 해야 한다

공무원들이 월급만 축내지 하는 일이 뭐 있어
내부고객을 만족시켜야 외부고객도 만족시킨다
병든 주인이 상머슴 열 못 한다
금고에서 잠자는 돈 덩어리 이자수입을 극대화하라
부패지수 제로화를 위한 수의계약 전면폐지

공무원들이 월급만 축내지
하는 일이 뭐 있어

　　　　　　　　　지방자치시대의 변화는 지방자치시대의
주역들이 스스로 변할 때 가능한 일이다. 지역주민은 물론 지방자치
단체장과 공무원 사회 스스로 능동적이고 적극적으로 변화하고자 노
력할 때 가능한 일이다. 다시 말하면, 지방자치의 발전은 스스로 변화
를 갈구하는 공무원의 자질과 능력, 업무의 품질, 그리고 행정의 목표
와 업무에 임하는 자세에 달려 있다.

　모든 권력과 예산은 중앙에 있고, 지방에는 문제만 있다. 대우받기
위한 단체장이 아니라 문제를 타파하겠다는 의지를 온몸으로 느끼는
단체장이 되겠다고 다짐을 했다. 중앙정부나 전북도에 대한 의존도
가 높은 종래의 의식과 사고로서는 군 재정이 빈약하고 지역적으로

오지인 무주가 살아나는 길은 존재하지 않는다는 것이다. 그동안 의존형에서 탈피해 자립형으로 일어서는 것뿐만 아니라 내부 개혁에서부터 출발하기로 결정을 내렸다.

무주군청 공무원에게 복지부동은 없다. 일하지 않는 공무원은 주민의 혈세를 축내는 암적인 존재라는 차원에서 공무원에 대한 의식 개혁에 일차적인 주안점을 두기로 했다.

'철밥통은 없다.' '공짜 밥은 없다.' 일하지 않는 공무원은 그냥 지켜보고만 있지 않겠다는 것이 공직사회의 기강을 바로 잡는 일이라고 생각했다.

지방의 변화는 공직사회를 이끌어가는 실질적인 주체인 공무원들의 질적 향상과 업무자세의 변화가 중요하다. 지방자치는 무엇보다도 지역주민의 책임 아래 지방자치법이 허용한 권한을 행사하는 것이다. 이러한 권한의 행사는 단순히 지방자치단체의 장을 선출하는 것이나 지방의회를 구성하는 것으로 끝나는 것이 아니다. 선거에 의해 선출된 몇 사람보다는 이들이 결정한 지방정부의 정책을 실제로 집행하는 공무원의 역할이 매우 중요하다.

취임 초 군민들과 대화를 나누는 도중 제일 많이 들었던 이야기가 '공무원들이 너무 많다.'는 것과 '공무원들이 월급만 축내지 하는 일이 뭐 있어.'라는 이야기였다. 상당히 듣기 싫은 소리였다. 무엇이 이렇게 공무원 사회를 신뢰할 수 없게 만들었는지를 고민하게 되었다. 그 결과 조직이 수직적 타율적 구조이며, 조직 부서 간 그리고 구성원 간 업무의 불균형이 심화되어 있었다.

또, 재정운영에 있어서도 불합리하고 대부분의 예산이 제 기능을 발휘하고 있지 않다는 것을 알게 됐다. 나는 이러한 고질적인 조직구조상의 문제와 재정문제가 군민들이 공직사회를 신뢰하지 않는 것이라고 판단했다. 1995년 10월 이러한 문제해결을 위해 전국에서 처음으로 민간컨설팅인 삼일회계법인에 군의 재정진단을 의뢰했다. 정확한 진단만이 올바른 처방을 할 수 있다는 생각에서였다. 나는 '행정도 이제 경영이며, 재정운영상 비효율을 제거할 수 있도록 해 달라.'고 특별 주문을 했다.

지난 3년치 자료를 모두 줬다. 용역비가 버거웠으나 병을 고치려면 '치료비'는 부담해야 했다. 이 재정진단 결과 '군민은 줄어드는데 공무원은 늘고 있다.'고 지적했다. 군민은 1992년 3만 5,238명에서 94년 3만 3,128명으로 줄어들었으나 공무원 수는 반대로 547명에서 581명으로 6.2퍼센트 늘어났다. 군살빼기 작업이 필수적이었다.

특히 무주군은 지난 1995년 군 재정진단을 비교분석한 결과 예산대비 인건비가 차지하고 있는 비율이 전국 평균 인건비 비율 14.6퍼센트에 비해 높은 25퍼센트로서 무주군의 열악한 재정규모에 비해 매우 큰 것으로 지적되었다.

무주군의 열악한 재정 규모에 비해 큰 수치가 아닐 수 없었다. 조직의 군살을 빼는 감량행정은 구조조정으로 이어져 조직원들, 즉 공무원들의 반발을 사게 될 것이 불을 보듯 뻔했다. 나는 이 문제를 단기적으로 보지 않았다. 공무원 조직구조상 장기적인 과제로 반드시 해결해야 할 문제라고 판단하고 결단을 내렸다. 고민에 고민을 거듭하면서 대안을 만들어 냈다. 정년퇴직 등 결원발생 시 꼭 필요한 경우가 아니라면 충원을 하지 않는 방법으로 자연스럽게 구조조정을 실시하기로 했다. 신규채용을 억제하고 정년 등 자연감소율을 적용하면 될 것이라고 판단했다. 이러한 나의 판단은 적중했다.

1996년부터 매년 일정 규모의 결원을 유지해 지난해 정원대비 87명의 결원을 유지했다. 인건비로 절감된 예산은 10년 동안 무려 106억여 원에 달했다. 생산적인 구조조정과 효율적인 재정운영이라는 두 마리 토끼를 다 잡은 것이다. 더욱이 1997년 공직사회에도 IMF 구조조정이라는 후폭풍이 거세게 몰아치던 시절 무주군 공무원 정원감축은 이미 결원율이 감축률을 웃돌아 무주군 공직자들은 구조조정에 아무런 동요 없이 맡은 바 군정을 수행할 수 있었다. 정원 466명(2005년 5월 현재)에 91명이 감축된 391명의 공무원들이 인구 2만 6,076명의 무주군 살림을 책임지고 있다.

무주군의 변화는 여기에 그치지 않는다. 나는 여기에 만족하지 않았다. 행정 조직 내부에 대한 체질 개선 작업도 추진했다. 작고 효율적인 지방자치단체를 만들기 위해서는 공무원의 숫자를 채우는 것이 중요한 게 아니라, 효율적인 업무관리로 능률을 향상시키는 것이 바람직하다고 생각했기 때문이다. 일은, 일하고자 열심히 노력하는 공무원만이 하는 것이다. 공무원의 수가 중요한 것이 아니라 일의 질이 문제라는 것을 느꼈기 때문이다.

행정조직 내부에 대한 체질개선 작업도 꾸준히 추진해 왔다. 무엇보다 작고 효율적인 지방자치단체를 만들기 위해서는 공무원 정원이 문제가 아니고, 효율적인 업무관리로 능률을 향상시키는 것이 바람직하다고 생각했다.

재정진단을 마친 이듬해인 1996년 6월, 한국행정연구원에 조직진단을 의뢰했다. 이 용역에는 전재구 박사 등 50여 명의 연구진이 참여했다. 1995년 인건비의 과다지출 등 전반적인 재정진단을 받은 터라 나는 이들에게 '조직의 경쟁력 강화와 지역특성에 맞는 조직을 만들어 달라.'고 당부했다.

이어 본청과 사업소, 읍면 직원 모두에 대해 부서별 세부 업무량의

면접조사를 실시했다. 이러한 과학적 자료 분석을 토대로 새로운 행정수요에 탄력적으로 부응하는 조직개편을 단행했다. 또 다단계 결재라인으로 인한 행정의 비능률성을 파괴하는 전국 최초로 부읍면장제를 폐지했다. 방대했던 2실 11과 1임시조직, 48계는 2실 1담당관 9과 1임시 40계로 기구를 통폐합했으며, 업무의 과중을 감안해 지원부서의 인력은 축소하는 반면, 사업부서의 인력을 대폭적으로 보강해 주었다.

또 부읍면장직을 폐지하는 대신 계(係) 간 조정을 통해 총무계장이 겸직하게 함으로써 부읍면장제의 취지도 살리고 인력 활용도를 높이도록 했다. 과(課) 간 계(係) 간 업무의 하중을 똑같이 분배하고 불필요한 조직을 없애버린 것이다. 쉽게 말하면 일하지 않고 노는 공무원이 없게 한 것이다.

나는 10여 년간 무주군이라는 거대한 행정조직을 '저비용 고효율' 구조로 탈바꿈시키기 위해 많은 노력을 기울였다. 그렇다고 무턱대고 인력을 충원시키지 않은 것은 아니다. 모든 것은 직무분석 등 과학적인 데이터를 근거로 제시하며 접근했다.

무분별한 충원을 막기 위해 1차적으로 사무분장을 정비한 후 각 부서장 책임 하에 직무별, 업무별로 업무비중과 업무량을 파악하게 하는 방식을 활용했다. 가급적 충원은 최소한의 범위 내에서 하되 업무의 정도에 따라 일반직, 또는 계약직, 일용직으로 충원을 할 것인가를 판단하게 했고, 업무의 형평성을 주기 위해 1인 2역을 담당할 수 있도록 독려했다. 특히, 불필요한 업무로 시간과 비용을 낭비하지 않도록 일하는 방식을 적극적으로 개선할 수 있도록 하는 등 연례적인 업무에 대해서는 업무 로드맵을 작성해 직원들 간에 공유하도록 했다. 최근 화두가 되고 있는 업무혁신을 했던 것이다.

나는 2005년 10월 직무분석 조사회의 시 간부들에게 감소된 87명 인원 중 필요 인원 분석 후 정원을 더 감축할 것을 지시했다. 정원대비 현원이 87명이 부족한 판에 정원을 감축하라는 지시는 못마땅할 수밖에 없었을 것이다. 몇몇 부서와 공무원 노조에서 사람이 없어 일을 못하겠다는 등 불만의 소리도 팽배했다.

정원감축에 대한 나의 소신은 확고했다. 작은 정부, 강한 조직이어야 한다는 평소 신념이 있기 때문이다. 1997년 이후 결원에 대한 보충 없이도 국제대회인 동계 유니버시아드대회를 가장 성공적인 대회로 치러냈고 한 개도 어렵다는 국책사업을 두 개씩이나 유치해 낸 전력이 있는 조직이다.

우리 무주군 공무원들은 1인 3역이 아닌 1당 백을 하는 전사들로 이미 그 능력을 나는 인정하고 있었다. 33명의 정원이 감축된 395명만으로도 군민들에게 고품질 대민서비스를 제공할 수 있다는 판단에 서였다. 인건비 등 일반 관리비에 들어가는 비중이 많을 때 그 살림이 잘될 것이라는 보장은 없다. 문제는 관리인의 수가 아니라, 일의 질에 달려 있다는 것이다. 얼마나 열심히 자기 일처럼 주인 의식을 갖고 업무를 수행하느냐가 중요한 것이다. 나는 무엇보다 공무원의 수가 아니라, 업무의 질이 군정을 좌우한다는 소신에는 지금도 변함이 없다.

'무주군청의 불은 꺼지지 않는다.' '공무원들 고생 좀 그만 시키세요.' 민선자치 10년이 지난 지금 내가 군민들에게 듣는 소리다. 민선 초기 '공무원들 월급만 축내지 하는 일이 뭐 있어.'라고 입방아를 찧던 주민들의 소리가 180도 역전됐다. 나는 이 말이 싫지가 않다.

'공무원이 힘들면 군민들이 편안해 집니다.'라고 너스레를 떨지만 나를 믿고 따라준 4백여 공직자들이 대견스럽다. 주민의 의식이 바뀌었다는 것은 그 만큼 공무원들이 주민들로부터 신뢰를 받는다는 것이다. 지방자치 실시 전 주민 위에 군림했던 배타적이었던 공무원상이 확연하게 달라진 것이다. 비록 나의 열정으로 무주군 공무원들이 적은 인원으로 고생을 했을지언정 그 고생을 바라보는 주민들의 눈에는 안쓰러움보다 신뢰로 보였던 것이다. 무주군 공무원의 대주민

신뢰도 회복과 무주군 공무원들의 무엇이든 해낼 수 있다는 자신감은 어느 것보다 값진 성과였다고 나는 자부한다. 이 책을 쓰면서도 4백여 공직자들에게 가장 미안한 마음뿐이다.

내부고객을 만족시켜야
외부고객도 만족시킨다

　　　　　　　　　　최근 1990년대 들어와서 대기업을 중심
으로 기업문화차원에서의 고객만족경영 더 나아가 고객감동경영이
활발히 이루어지고 있다. 이는 소비자들의 욕구가 점점 더 복잡, 다양
화되고 시장의 경쟁 환경이 치열해진 데 기인한 것이다. 1970년대 이
후 널리 보급되어 온 마케팅경영의 핵심은 바로 고객을 만족시킴으
로써 기업이 이익을 얻어야 한다는 것이다. 고객만족을 통한 재구매
및 구전효과와 서비스 부문에서의 차별화 및 개선의 여지, 첨단정보,
통신기술을 이용한 고객만족향상 가능성 등을 경영자들이 경쟁우위
창출요소로 인식했기 때문이다. 이러한 고객만족경영의 확산원인은
앞으로 그 중요성이 결코 떨어지지 않을 것이므로 1990년대에 고객

지향정신의 결과로서의 고객만족경영은 기업경영의 초점이 되었다.

지방자치제가 시작된 후, 나는 지방행정에 있어서도 사기업의 고객만족의 경영이념을 도입하기로 결정했다. 지방자치제의 주체인 지역주민이 만족하는 주민만족의 행정, 나아가서는 주민감동의 행정을 펼치기로 했다.

지방자치 변화의 목표를 '주민감동'에 두었다. '주민이 행복하면 우리는 더 행복해진다'라는 말로 바꿀 수 있도록 철저히 주민감동의 행정을 실천해 나가도록 했다. 상명하달식 개혁이 아니라 말단 직원들 스스로 시민들의 행정서비스 수요를 파악하고 개선과제를 추진, 주민만족을 극대화시키는 것이다.

행정서비스는 주민 및 기업의 최대만족을 목표로 삼고 있으나, 정작 이를 현장에서 담당하고 있는 공무원의 만족에 대한 배려는 등한히 하고 있는 것이 보통이다. 지방자치단체의 스폰서라고 할 수 있는 기업이나 주민들의 불만을 최소화하고, 만족과 감동을 주는 방안을 부단히 모색하고 있는 것은 너무나 당연하다.

20~30년 전만 하더라도 내가 겪어본 우리 공직자의 사고는 매우 수동적이며 폐쇄적일 뿐만 아니라 수직적인 의사결정으로 조직 내부의 혁신이나 공직자 개개인의 의식변화를 가져오는 데 큰 걸림돌로 작용하는 것을 보아 왔다.

나는 만약 주민이 만족하지 않고 있다면 그 이유가 무엇이든지 우리의 잘못이다. 우리 무주군 공무원의 잘못이라는 인식에서 행정을 설계하고 펼쳐나가도록 했다.

노후화된 군 청사 건물에 낡은 사무기기는 근무의욕의 저하를 가져다주고 있다는 것을 알았다. 공무원들의 근무의욕이 떨어진다는 것은 군민들에게 만족을 주지 못하는 것과 같다. 취임사에서 군민들에게 밝혔듯이 나는 관치시대의 종결을 선언했고 이에 따라 열린 행정, 공개행정, 투명행정을 제일 먼저 밝혔었다. 이러한 열린 행정, 공개행정, 투명행정 일환으로 낡고 노후화된 군 청사를 은행식 개방형 청사로 전환하는 작업을 추진했다. 이 과정에서 내부고객 만족을 가져다 줄 수 있는 것을 생각했다.

사무실 근무환경 개선은 근무의욕을 높일 수 있는 물리적인 요인이 될 것으로 판단했다. 청사를 리모델링하면서 사무용 OA가구로 설치할 것을 지시했다. 2000년 당시 사무용 OA가구는 적잖은 예산이 들어간다는 보고를 받았지만 나는 이를 생산적으로 판단해 줄 것을 지시했다. 공무원의 근무의욕과 사기진작은 투입된 예산에 비해 몇십 배, 아니 몇 백 배 효과를 올릴 것이라고 담당공무원을 설득했다.

2000년 5월 9일 무주군민의 집이 새롭게 문을 여는 순간 공무원들의 얼굴에는 화색이 돌았다. 어느 대기업 못지않은 사무실 분위기에 공무원 모두 기뻐했다. 군청 직원이든 지역주민이든 눈으로 보는 사무실 분위기가 아름다워야 한다. 나는 그래서 사무실에 사계절 야생화를 가지고 살아 있는 꽃으로 사무실을 꾸미면 일정한 습도를 유지함은 물론 사무실에서 향기를 느끼게 했다. 또, 청내방송망을 통해 아름다운 새소리, 물소리 등 자연의 소리가 들리게 했다. 처음에는 군청을 찾아오는 민원인이나 근무하는 공무원 할 것 없이 어리둥절했지만 곧 나의 마음을 이해하게 되었다. 아무것도 아닌 자연의 소리는 스트레스를 해소시켜 항상 친절한 근무형태로 이어지게 한다는 것을 느낀 것이다.

특히, 민원인이 많이 찾는 종합민원실에는 오미자차를 제공하게 했고, 한약재 등 약초를 이용해 냄새를 나게 하는 등 오감으로 느끼는 민원인 천국을 만들게 했다. 이러한 근무환경 개선사항은 민원실을 민원행정 최우수 군으로 선정되게 했고 공무원들은 자부심을 갖게 했다. 그 결과 내부고객인 공무원의 만족은 물론 업무 스트레스를 해결하여 빨리 출근하고 싶은 사무실 분위기를 느끼게 만들었다.

나는 군정을 추진하면서 생산성 향상에 주력했다. 행정도 생산이라 한 것처럼 생산성은 내·외부 고객을 막론하고 당사자이자 수혜자이기도 하다. 신바람 나는 직장분위기 조성은 이렇게 시작했다. 일단 직장에 출근이 기다려져야 하고, 출근해서 일을 시작하면 신명이 나야 한다. 즐거운 직장이 되어야 하고 보람 있는 일을 할 수 있도록 해야 했다. 이를 위해서는 직장 내 분위기가 좋아야 했다. 나는 간부회의나 월례 조회 시 이러한 직장 내 분위기 조성을 위해 각별한 신경을 썼다.

먼저, 상하관계의 확실한 정립이었다. 상사는 부하 직원에게 고압적이거나 윽박질러서는 안 된다는 것을 강조했다. 대신 하급자는 상급자를 공경하고 믿고 따르는 직장분위기를 조성해 줄 것을 강조했다. 이를 위해 기업에서 추진하고 있는 고과 관리시스템인 다면평가제를 도입했다. 다면평가제가 하나의 수단이었지만 효과가 분명했다.

또, 자기가 일하고 싶은 상급자와 하급자를 직접 선발해 근무토록 했다. 업무의 효율성은 향상됐고 조직의 분위기는 달라졌다. 물론, 이러한 환경에 적응치 못하고 도태된 사례도 없지 않다. 예전 관치시대의 자취를 버리지 못하고 상급자 모시기에 급급했던 일부 공무원들은 향수를 버리지 못하고 스스로 사표를 썼던 경우도 있다.

그리고 무주군이 작은 지역사회이지만 전국적인 현상 못지않게 공무원 조직 내에서도 학연과 지연의 파벌이 심각했다. 무주읍과 안성면 등 일부 큰 지역출신들이 서로의 계파를 형성하고 있었다. 인사 때면 자기 지역출신 사람들로 중요 보직에 심어놓는가 하면 향우회 등을 통해 더욱더 조직을 확장해 나가고 있었다. 실제 이런 문제들은 민선 초기 인사안에서 농후하게 찾아볼 수 있었다. 나는 조직이 이렇게 흐르다가는 지방자치를 망치는 것이라고 판단했다. 첫 인사에서 나는 이들에게 경고했고 조직 내 사조직을 없앨 것을 지시했다.

그 대신 공무원들의 사기진작을 위한 동호회 등을 활성화할 것을 주문했다. 몇몇의 그릇된 지역싸움에 진정 일하는 공무원들이 피해를 당해서는 안 된다고 생각했기 때문이었다. 그리고 곧바로 조직개편을 하면서 중요보직의 의미를 바꿔버렸다. 초 단위까지 계산한 과학적인 업무 부하를 측정해 모든 부서가 중요부서가 될 수 있도록 했다. 공무원 조직 내 사조직은 와해됐고 이는 조직의 생산성으로 이어졌다. 무주군 공무원들이 능력 있는 집단으로 인정받는 데는 이러한 인사개혁과 사조직 철폐도 한 몫을 했다.

나는 무주군 행정을 추진하면서 직원들에게 유니폼을 제공한 적이 몇 번 있었다. 일체감을 부여하고 조직구성원으로서 자부심과 내부고객의 만족도를 높이기 위해서였다. 이러한 나의 생각은 적중했다. 우리 공무원들이 만족한 것은 물론, 타 기관원들로부터 부러움을 사기도 했다. 직원과 직원가족들의 생일 때마다 축하카드를 발송해 주기도 했는데, 이 시책은 선거법에 위배돼 오래 시행되지는 않았지만 사기진작 등 내부고객 만족에 크게 기여했다.

지방자치제가 실시된 이상 행정서비스의 양태도 바뀌어야 한다. 공무원들에게 아무런 조건도 부여하지 않고 주민들에게 일방적인 서비스를 강요해서는 안 된다는 것이다. 나는 민선 시작과 함께 내부고객인 공무원의 직무 만족도에 관심을 기울이기로 했다. 즉 외부고객인 주민들을 만족시키기 위해서는 우선 먼저 내부고객인 공무원들을 만족시켜야 한다는 논리였고 불평과 불만족에 젖은 공무원들이 어떻게 주민들을 설득하고 이들에게 친절과 서비스를 베풀 수 있겠냐는 생각에서였다.

리더십의 원천이 솔선수범인 것처럼 모든 일에 앞장섰고 어느 공무원보다도 현장에 먼저 달려갔다. 자치단체장이 공무원들을 챙겼을 때 공무원들은 주민들을 챙길 수 있다는 판단에서였다. 내부고객 만족을 위해 철저하게 공무원들과 동화될 수 있도록 했다. 이러한 과정에서 공무원의 애로사항을 가장 빨리 알 수 있었다.

흔히들 서비스기업의 경우 생산과 소비를 분리할 수 없다는 서비스상품의 본질적인 속성 때문에 서비스를 생산하여 직접 제공하는 종업원과 동시에 이를 받아 소비하는 고객과의 직접적인 접촉이 일어난다. 이와 같은 특성을 가지는 서비스기업에서는 고객과 종업원의 직접 접촉이 필수적이며 종업원을 내부고객으로 인식하고 이들을 만족시켜야 한다.

고객만족을 위해서는 제품의 질, 가격 등 외부마케팅을 고객 지향적으로 하는 것도 중요하지만 외부고객과 직접 접촉하는 종업원을 만족시켜 이들이 고객과 가지는 상호관계의 질을 높이는 것이 무엇보다 중요하다. 조직에 만족하지 않은 종업원이 고객과 접촉하였을 때 만족할 만한 서비스를 제공하여 고객과의 관계를 향상시킬 리가 없기 때문이다.

고객만족을 위해서는 우선 고객과 최일선에서 접하여 서비스를 제공하는 현장 종업원의 만족이 선결되어야 한다. 내부고객 만족이 클수록 외부고객 만족이 클 것이다. 행정 업무 또한 마찬가지이다.

우리가 알고 있는 잭 웰치는 본인의 카리스마가 아니라 사람들의 생각을 바꾸어 주는 시스템을 마련하고 이를 통해 제너럴 일렉트릭(GE)사를 현재의 초우량 기업으로 변신시켰다. 이솝우화에 나오는 바람과 나그네처럼 사람을 변화시키는 것은 힘이 아니라 스스로 변화하고자 하는 사람들의 의지이다. 따라서 기업이 새로운 방향으로의 변화를 목표로 하고 있다면 그것은 위로부터의 강요로 이루어지는 것이 아니고 조직원 스스로의 각성과 그것을 전파시킬 수 있는 리더의 역할 속에서 찾아야 한다. 현재 우리 공무원 사회가 겪고 있는 복지부동의 병폐도 결국 공무원들에게 스스로 변화하고자 하는 의지를 제공해 주지 못하는 리더 부재에 기인하고 있다고 생각한다.

리더가 변화의 주체가 되는 방법으로 내부고객 만족을 우선적으로 실천함으로써 자연스럽게 외부고객 만족으로 이어질 수 있다고 한다. 즉 리더십이란 물이 위에서 아래로 흐르듯이 강요되는 것이 아니고 자연스러운 것이다.

병든 주인이 상머슴 열 못 한다

　　　　　　　　　주인정신은 자립정신이며, 책임정신이다.
잘되고 잘못된 것은 남에게 달린 것이 아니라 나 자신에게 달려 있는
것이다. 나는 군수로 있으면서 내 자신은 물론 공무원들에게 행정업
무를 하면서, 자신의 살림살이처럼, 내 돈이 지불되는 것처럼 아끼고,
내 일처럼 철저히 하라고 부탁했다. 그것이 나의 철학이요, 소신이기
때문이다.

　　우리 속담에 '병든 주인이 상머슴 열 못 한다.'는 말이 있다. 주인
은 늙고 근력이 떨어져 머슴처럼 직접 일은 하지 못하지만, 머슴에게
일머리를 틀어주는 것, 일의 방법을 제시하는 것은 머슴 일의 열 못
에 해당한다는 얘기일 것이다. 그것은 바로 주인의식이 있기 때문이

다. 머슴은 땀은 적게 흘리고, 세경은 더 많이 받으려고 한다.

똑같은 조건에서 똑같은 일에 부딪쳐도 어떤 이는 찌푸리고, 어떤 이는 웃는다. 주인정신으로 넘치는 사람은 노동 후 그늘 아래서 서늘한 바람을 쐴 때의 기쁨, 만족감의 참된 의미를 생각하고, 머슴정신이 팽배한 사람은 노동의 고통만을 먼저 생각한다.

일에 대한 의미 해석과 대하는 태도 역시 양면적 성격을 지니고 있다. 머슴정신으로 일에 예속되어 가는 경우와 주인정신으로 일을 주도하고 개척해 나가는 타입이 있다. 머슴정신에 젖어 있는 사람의 경우에는 시키는 일만 무난하게 처리하고 받은 만큼만 일한다는 정신이 상대적으로 높다. 반면에 주인정신으로 충만한 사람의 경우는 개선, 개척, 혁신, 자율이 중요한 의사결정 판단기준이 된다. 일을 주도하는 것과 끌려가는 것, 이 양자의 차이는 하늘과 땅만큼 엄청난 격차가 있다.

지방자치제 공무원이든, 기업의 경영자나 장사꾼이든 '내가 주인이다.' '내 일이다.'라는 주인의식을 가진 사람과 '내가 종업원이다.' '머슴이다.'라는 수동적인 자세를 가진 사람사이에 있어서 일의 질과 양, 생산성은 물론 조직의 경쟁력에서는 어마어마한 차이가 있기 마련이다. 주인은 적극적이고 능동적이며 자발적인 반면, 머슴은 소극적이고 미온적이며 수동적이기 때문이다.

봉급을 받는 사람의 일처리 원칙은 모든 일을 자기 자신의 일처럼 해야 하는 것이 기본이어야 한다. 공무원 또한 마찬가지이다. 가장 좋은 물건을 가장 저렴하게 구입하는 것이 가장 좋은 공무원이며, 가장 좋은 물건을 가장 비싸게 구입하는 공무원은 나쁜 공무원일 것이다. 무엇보다 가장 나쁜 사람은 아마 가장 나쁜 물건을, 가장 비싸게 구입하는 공무원일 것이다. 주민의 혈세인 세금을 고의적으로 축내는 공무원은 축출되어야 마땅하다.

공무원이 주인정신을 가지느냐, 아니면 머슴정신을 가지느냐에 따라 행정의 결과는 엄청나다. 공무원의 업무태도와 정신 상태에 따라서 업무의 품질, 일의 품질, 사업의 품질이 달라지기 때문이다.

지방자치단체의 사업을 집행하면서 담당공무원이 어떤 생각을 가지느냐에 따라서 행정의 서비스와 사업의 품질과 예산의 씀씀이가 달라지는 것을 흔히 볼 수 있다. 내 일과 남의 일과의 차이점은 예산의 절감은 물론, 사업의 품질, 공사 기간에서도 엄청난 차이가 난다. 나는 우리 공무원들에게도 주인정신을 가지고 업무를 처리하라고 강조한다.

만약 공무원이 자신의 집을 짓는다면 주인의식을 가지고 일을 처리할 것이다. 건축공사를 하기 전에 설계를 발주하기도 전에 엄청난 구상과, 창조적인 고민을 하고 어떤 건축물을 지을 것인가를 골몰하게 될 것이다. 어느 업자에게 건축공사를 맡기고, 어떤 공법으로 공사를 할 것인가를 고민함은 물론 실내 내부의 배치, 내구성 및 건물의 안전성 등 다양한 면에서 검토하고 연구하여 공사비 절감에도 신경을 쓸 것이다. 그러나 공무원들이 공공건물을 신축하거나 설계를 발주할 때에는 자기 집을 짓는 것처럼 창조적인 고민과 연구를 하지 않고 대충대충하는 경향이 많다.

주인정신을 갖고 있느냐, 머슴정신을 갖고 있느냐 하는 것은 일의 품질과 예산 절감에서 엄청난 차이가 있다. 주인은 자기가 할 일을 스스로 찾아서 책임을 다하지만 머슴은 주인이 시키는 일만 마지못해 한다. 주인정신이란 개인이나 한 가정 또는 한 국가 사회의 구성원 각자가 모든 행동의 주체가 됨과 동시에 스스로 현황을 잘 처리하고 평가하고 그와 관련되어 일어나는 일체의 행동에 대해 책임을 느끼면서 성실히 봉직하는 자세이다.

우리 속담에 '처삼촌 묘 벌초하듯 한다.'는 말이 있다. 주인정신을 가지지 않고 소극적이고 미온적이고 수동적인 머슴의 자세로서는 일의 능률이나 일의 생산성이 제대로 나올 수 없다. 만약 기업의 생산품인 제품일 경우에는 불량품 투성이가 될 것이고, 그 기업의 흥망은 불을 보듯 자명하다.

공무원은 신분상 형사 소추되지 않으면 처벌받을 일이 없기 때문에 행정서비스와 지방행정 사업이 저급하고 조잡한 결과를 초래하는 경우가 많다. 만약 이런 일이 일어날 경우에는 리더는 가차 없이 처벌해야 한다. 신상필벌만이 일의 품질을 개선하는 지름길이다.

업무에 임하는 시간도 비용이며 결과가 품질로 나타난다. 아무리 좋은 결과가 나오더라도 시간이 오래 걸리면 그 품질은 불량인 것이다. 행정이건 생산품이건 그 투입 비용이 많이 들어가고, 시간이 오래 걸리면 그 의미는 퇴색하기 마련이다.

공무원 또한 업무를 자신의 영역에서만 제한하려는 태도에서 벗어나야 한다. 나는 무엇보다 인력의 고효율적인 운영을 위해서 비예산 사업에 투입하는 등 예산 절감의 효과를 거두게 했다. 도로 정비원의 경우 본업 이외에도 장례식장 장례 서비스 지원 업무와 1995년도부터 주민이 요구하는 소규모사업을 비예산으로 해결함으로써 2005년 말까지 664건의 민원해결과 29억3,700만 원의 예산절감 효과를 거양해 내고 있다.

맡겨진 일을 해낼 수 있는 사람은 얼마든지 있다. 그러나 일을 스스로 만들어 낼 줄 아는 사람은 드물다. 일을 스스로 만들고, 개척해 나가는 것, 그것은 주인정신이 있기 때문이다. 주인정신으로 무장한 사람은 'Better of Better'로 만족하지 않고, 'Best of Best'를 항상 최상의 것으로 추구한다. 그리고 그는 자신의 일을, 공식적으로 위임받는 자신의 독특한 사업이라 생각하고, 스스로 사업을 경영해 나갈 것이다. 만약 자신이 해야 할 일을 할 때도 상사가 지시하거나 말을 한 뒤에 한다면 이미 늦은 것이다. 제안하는 것과 지시를 받는 것은 엄청난 차이가 있다.

영국의 사회 사상가이자 미술 평론가인 J. 러스킨은 "우리는 하루하루를 보내는 것이 아니고, 하루하루를 내가 가진 것으로 채워 가는 것이라야 한다."고 말하고 있다. 운명의 신은 쉬지 않고 자기 자신을 강화하는 사람의 손을 들어주므로 역사의 무대에서 항상 쫓기기만 하는 나약한 존재가 되지 말고, 그것을 개척하는 강자가 되기를 바란다.

금고에서 잠자는 돈 덩어리
이자수입을 극대화하라

지방자치의 건실한 운영을 위해서는 각종 제도의 정비와 이를 정착시키기 위한 혁신적 노력이 필요하다. 그리고 이를 뒷받침할 수 있는 재원의 확보가 중요하다. 따라서 지방자치단체의 자치조세권에 바탕을 둔 과세 자주권의 확립은 지방재정 개혁의 핵심과제로 대두되고 있다.

우리나라 기초단체 234개 중 155개인 66퍼센트가 지방세 세입으로는 공무원 인건비조차 해결하지 못하는 실정이다. 우리나라 조세 수입은 80퍼센트 정도가 국세이고 20퍼센트가 지방세다. 이 가운데 광역단체가 75퍼센트를 사용하고 나머지 25퍼센트를 기초단체들이 나눠 쓴다. 전국 234개 기초단체 중 재정자립도가 50퍼센트 미만인

곳은 211개로 90퍼센트 이상이다.

군수로서 두 가지 큰 업무는 군 예산을 어떻게 효율적으로 집행하느냐와 군민의 실질적인 생활에 도움을 주는 방법은 없는가이다. 일차적으로 군정의 효율적인 집행을 위한 재정의 투명성과 효율성 확보에 초점을 두었다.

무엇보다 그동안 군 업무에 있어서 관행으로부터의 탈피가 가장 시급한 과제였다. 관행이라는 변명으로 묵인되어 오던 불법과 부정의 고리를 끊는 것에 업무의 초점을 두기로 했다. 관행은 그동안 관치행정시대에서 이어져 오던 토호 기득권세력의 보호와 같은 것이었다.

군수 취임 이후 과거 힘 있는 세력들이 독점하던 각종 인허가 사업과 군청에서 운행하던 자동차의 유류 구입이 특정의 한 주유소만을 이용하도록 하고 있었다. 대상 차량은 25대이었지만, 주유소의 독점 관행을 타파하고, 비용 절감과 유류사용의 투명성 제고를 위해 주유전용 카드제를 시행했다. 월평균 주유 비용의 10퍼센트를 절감하고, 주유업체의 독점을 방지하는 효과를 가져왔다.

군 예산 집행에 있어서의 효율적인 집행을 위한 절약과 검소가 몸에 배어 있지 않은 공무원들에게는 그렇게 사소한 것까지 군수가 관여해야 하느냐며 불평불만이 대두되었다. 나는 조달과정에서 쉽게 보아왔던 불투명한 관행에서 탈피해 입찰을 통한 공정한 경쟁을 마련하는 데 중점을 두기로 했다. 볼펜 한 자루를 사는 데도 150원이고, 만 자루를 구입해도 150만 원인 것처럼 관행에 의한 업자와의 결탁을 막기 위한 작업이었다.

관행과 업자와의 결탁 등 책임 의식 결여는 군의 금고 선정 방식에도 별 의미를 두지 않고 있었다. 이자수입의 중요성은 아랑곳하지 않고, 그동안 군 금고로서 이어져 왔다는 관행에 의해 농협을 고집하고 있었다.

나는 군 금고 운영의 혁신과 자금 운영의 효율성 극대화를 위해 입찰방식에 의해 금고를 선정하도록 무주군 금고 운영에 관한 조례를 제정했다. 일반회계는 세입세출 관리금고와 여유자금관리금고로 계약하고, 특별회계 및 기금은 각 회계별로 계약할 수 있도록 개정하였다.

취임 전 1994년 이자 수입이 5억 500만 원에 불과하던 것이 군수로 취임한 민선 1, 2기(1995~2001년)에 연평균 어자수입이 25억 6,000만 원, 민선 3기 연평균(2002~2005년) 이자수입이 38억 4,400만 원으로 민선 이전 보다 761퍼센트 증가했다.

그리고 2002년 6월부터 전국 6개 시군과 같이 복식부기회계제도 시범 도입으로 재정 운영의 투명성 기반 조성 등 재정과 회계의 신뢰성과 효율화를 기하고 있다.

자치시대에 지방 공무원은 경영 마인드를 가져야 한다. 이제 지방 행정도 비생산적 요소를 불식하고 최소의 비용으로 최대의 서비스를 산출하는 '경영행정'으로 전환해야 한다. 이것은 사기업의 경영원리를 배우고 그대로 적용하라는 것이 아니다. 사기업은 분명히 이윤의 증대라는 목표를 가지고 있으나 공공부문은 단일의 이익이나 이윤 극대화를 위해서 존재하는 조직이 아니고 사회적 형평과 다양한 공익과 효율의 조화개념에 기초하여 고유의 기능을 수행하는 것이다. 업무적으로 경영 마인드를 적용한다는 것은 사기업의 강점이면서 정부부문의 취약점이 무엇인가를 파악해서 배우자는 것이다.

정부부문에서 취약한 점으로는 비용개념과 고객지향성이 약하다는 것이다. 자신이 근무하는 것 자체가 하나의 비용이라는 시각을 가지고 자신의 업무를 효율적으로 수행하는 것이 필요한데, 이것이 바로 경영 마인드이다.

경영 마인드를 가지는 것의 또 다른 측면은 이윤 극대화를 통해서 주주의 이익에 봉사한다는 개념보다는 창의적이고 개척적인 정신을 갖는다는 것을 의미한다. 공공부문이 사기업만큼 변화의 속도가 빠를 수는 없다. 그럼에도 불구하고, 공공부문도 주민들의 자치단체에 대한 수요가 어떻게 변화하고 있는가 하는 것을 면밀히 검토해 새로운 공공 서비스가 어떤 것인가를 발굴해야 한다는 것이다. 만일 공공

서비스가 양적으로 충분히 제공되지 않고 질적 수준이 낮다면 지역 주민의 욕구 불만과 불평은 증대될 수밖에 없다.

경영 마인드를 갖춘 지방정부 운영이라는 것은 사기업이 가지고 있는 고유의 도전과 창의와 비용·경쟁개념·마케팅·수요변화에 능동적으로 대처할 수 있는 모습을 배우자는 것이다. 공익성과 기업성, 정부와 기업을 이원적으로 보기도 하는데 지방자치단체 운영에 있어서 경영 마인드라는 것은 목표는 공익이지만 목표에 접근하는 과정 자체는 수단적인 가치로서 기업가가 추구하는 노력을 배우자는 것이다.

'수돗물 한 방울도 내 돈 이다.'라는 인식을 가져야 한다.

부패지수 제로화를 위한
수의계약 전면폐지

        민선자치시대의 근본은 관치시대의 잔재를 청산하는 데서 출발한다. 그동안의 중앙정부로부터의 일방적인 지시형 행정에서 벗어나 지역 주민 스스로가 지역살림을 설계하고 미래를 준비해가는 주민참여형 자치행정으로 탈바꿈시켜 나가야 하는 것이 최우선의 과제였다. 지방행정 또한 그동안의 관료체제에서 익숙해진 고압적 밀실행정의 전형을 폐지해 투명행정, 공개행정을 실천해 나가도록 하기로 결정했다.

    나는 군수 취임 이후 건설 사업에서 일어날 수 있는 부조리와 관행에서의 탈피하기 위해 일차적으로 1999년 1월 11일 전국 기초지방자치단체 최초로 부실시공 방지 조례(규칙 제824호)를 만들었다.

무주군의 조례는 주민감독제 도입과 부실측정반 구성 및 운영에 대한 방안을 두어 민원발생을 최소화하고 부실시공을 원천적으로 차단하도록 하였다. 주민감독제의 경우, 사업지구 내의 마을 총회에서 복수 추천하여 군수 또는 읍·면장이 위촉하여 공사 감독공무원으로부터 공사 감독일지를 배부 받아 감독한 사항을 기록한 후 감독공무원이 확인 인계인수하고 실과소장 또는 읍면장의 결재를 얻어 보관하도록 하고 있다.

특히 건설교통과장을 반장으로 하여 부실시공에 대한 점검이 가능하도록 부실측정반을 구성해 사업 시행 중 주민감독자 및 공사 감독공무원이 부실시공이라고 판단했을 때, 즉시 시공의 중단을 요구할 수 있도록 하였다. 또한 부실측정종합 평가서 평균점수 결과에 따라 해당 건설업체에 대하여 입찰참가 자격의 제한을 두는 등 경고 조치가 가능하게 했다.

무엇보다 부정부패의 단초적 역할을 해왔던 관행에서 탈피하는 것이 중요하다. 범법 사실을 자행하고도 불법에 대한 죄의식과 잘못보다는 관행이었다는 변명 등 도덕적 해이에서 벗어나는 일이 무엇보다 필요하다. 긴급입찰로 발주해도 되는 공사를 수의계약으로 하는 사례나, 수의계약 가능금액으로 분할하여 계약하는 사례가 일어나지 않도록 원천 봉쇄할 필요가 있다. 현행 국가계약법은 추정가격 1억 원(전문공사는 7,000만 원) 이하의 공사나 3,000만 원 이하의 구매 등에 대해서는 수의계약을 허용하고 있다. 특히 수해복구 등 긴급복구 공사의 경우도 수의계약이 가능하도록 되어 있다. 긴급복구를 요구하는 공사의 경우에도 수의계약 정보·수의계약 사유·계약 결과 등을 정보통신망을 통해 공개하고 수의계약 요건의 명확화가 필요하지만, 실지로 이루어지는 사례를 잘 보지 못한다.

국민의 알권리 충족과 예산집행상의 투명성 확보를 위해 가능한 범위 내에서 계약 관련 정보를 공개할 필요가 있으나 수의계약에 관한 사항, 계약 상대방·계약 금액 등 계약 체결과 관련된 사항, 계약체결 이후 설계변경 등 계약 내용변경에 관한 사항 등에 대하여는 공개가 이루어지고 있지 않다. 부정부패를 청산하기 위해서는 공무원과 주민의 의식개혁이 선행되어져야 하지만, 이러한 의식개혁이 이루어지지 않을 경우에는 법과 제도에 의한 시스템을 만들어야 할 필요가 있었다.

수의계약과 부실시공의 상관관계는 자명하다. 전북의 한 일간지는 수의계약에 대한 문제점을 다음과 같이 지적하고 있다.

4천억 원대에 이르는 전북지역 수해복구공사 수주를 위해 건설업계가 촉각을 곤두세우고 있는 가운데 수의계약공사의 경우 시군별 제한 발주시 부실시공이 우려되고 있다. 이에 따라 해당 시군 소재 건설사로 제한하기보다는 전북지역 소재 업체에 문호를 개방하는 것이 바람직하다는 지적이다. 특히 수주전이 과열되면서 공무원과 업자 간 밀착관계가 형성될 소지도 많은 만큼 공정한 수의계약 체결을 위해 세부 예방대책이 요구되고 있다 (중략).

또한 이번 수해복구공사의 경우 긴급입찰공사로서 상당수 수의계약 발주가 이루어지기 때문에 건설업자들이 수의계약 체결을 위해 치열한 로비가 예상 되는 만큼 업자와 공무원 간 유착관계를 차단할 수 있도록 감시·감독을 강화해야 한다는 지적이다.

(《전북도민일보》, 2002년 10월 4일자)

수의계약은 많은 점에서 문제점을 노출하고 있었다. 첫째, 공무원과 업자의 담합에 의한 뒷거래와 뇌물 제공 등 부패의 고리 역할을 담당하고 있으며 국민의 생명과 안전을 위협하는 부실시공의 근원이 되고 있다. 둘째, 독점과 특혜로 공정한 거래와 자유경쟁의 질서를 침해하고 기회균등을 박탈하는 등 특혜 시비를 낳고 있다.

나는 그동안 관치시대에 있어서 쉽게 일어났던 특정세력이 건설공사 및 관급공사를 독점했던 수의계약을 폐지함으로써 공정한 거래 질서를 바로잡고 이를 통한 기회의 분배를 실현할 수 있을 것으로 보았다. 무주군은 일차적으로 부실시공의 원인이 되고 있는 수의계약 제도를 전국에서 처음으로 폐지했다. 무엇보다 지방 토착 업체와 공무원과의 유착, 지방의원 등 지방정치인의 이권개입 등을 차단하기 위해서는 수의계약제도의 전면적인 수술이 필요하다고 보았다.

우리나라는 2000년 11월 미국, 싱가포르, 홍콩에 이어 세계에서 4번째로 정부조달에 전자입찰제도를 도입했다. 무주군은 국가를 당사자로 하는 계약에 관한 법률시행령 제26조 제1항 5호 규정에 의한 수의계약 대상 공사, 용역, 물품구매사업에 대하여 공정성과 투명성 확보를 위해 모든 사업자가 견적서를 제출할 수 있도록 하였다. 그리고 2001년 7월 1일 군 단위에서 전국 최초로 국가종합전자조달시스템(G2B)을 활용한 입찰방법을 도입해, 2001년 10월부터는 전국 군(郡) 단위 최초로 3,000만 원 이상 모든 공사와 구매계약을 전자입찰하고, 2002년 3월부터 입찰수수료를 폐지했다. 2005년 3월 16일에 추정가격 1억 원 이하의 공사, 3,000만 원 이하의 용역, 물품 건에 대하여도 전국 최초로 전면적으로 수의계약제도를 폐지하였다.

그리고 건설공사의 견실 시공을 위하여 자체적으로 고안한 품질평가서를 건별 준공계 제출 시 첨부토록 하고, 시공사에 대한 평가 자료로 활용함으로써 업체에 대한 경각심을 고취시켜 부실시공방지를 시스템화하였다.

또한 소액물품 등 소규모 예산집행은 반드시 신용카드만을 사용하도록 하였으며, 입찰질서 확립을 위해 하자보수 행정지시 불이행 업체나 노임체불 등으로 민원을 야기한 업체, 입찰 당시 각종 세금 및 보험료 체납 등으로 채권 압류된 업체에 대하여 무주군 공사 입찰 참가 제한을 실시(1억 원 이하의 공사)하여 세금 체납을 방지하는 일석삼조의 효과를 거두고 있다. 이것은 그동안 관청과 업체와의 부패 연결고리를 사전 차단함으로써 수의계약제도의 새로운 장을 열었고, 행정 신뢰도를 한 단계 높이는 전기가 되었다.

무엇보다 부패를 사전에 예방하기 위한 업무 절차나 제도, 그리고 의식과 문화의 개혁에 대한 고민과 실천이 시급하다. 우리가 관심을 가져야 할 것은 사후 적발-처벌 위주의 부패통제 전략은 근본적으로는 부패유발 환경과 요인 대부분을 방치한다는 문제점이 있다.

예컨대 정보기술(IT) 강국이라는 한국에서 핵심 기관들의 정보가 중국 해커들의 삼류급 손장난에 뻥뻥 뚫리는 것은 시스템의 문제였을까? 국내 해커 출신 전문가는 보안 프로그램을 잘 갖춰놓아도 보안 의식이 없으면 해킹을 차단하는 것은 불가능하다고 말한다. 발상의 전환이 앞서지 않는 시스템은 공허한 껍데기에 불과하다. 시스템은

분명 중요한 요소지만 시스템이 일하게 만들려면 먼저 생각을 바꿔

야 한다. 제도가 해결해 주는 것이 아니라 의식이 해결해 준다는 것

을 무시해서는 안 된다.

3

자치를 위해 관치는 가라

문턱을 낮춰라 담장을 부숴라
홀수 날은 남자, 짝수 날은 여자
지방자치 견학 1번지

문턱을 낮춰라 담장을 부숴라

           1995년 7월 전국 최초로 군청사의 담장을 허물었다. 취임과 함께 열린 행정, 공개행정, 투명행정에 대한 의지의 표현이었다. 이름부터 무주군청에서 '무주군민의 집'으로 바꾸었다. 관치시대는 주민을 통제와 통치의 대상으로 보았으나, 주민자치시대의 주민은 섬김의 대상이다. 섬김을 주 업무로 하고 있는 군청이 시대의 변화에 맞게 군민들의 접근 자체가 중압감을 느끼고 있었다. 그래서 담장을 헐어 주민의 인식부터 바꾸고자 결정을 내렸다.

    열린 행정, 공개행정을 위해 군청의 담장을 헐어 군민공원으로 조성하고, 군청 사무실 칸막이벽을 철거하여 개방형 사무실을 조성하고, 간부회의를 행정방송을 통해 각 군청 내 사무실과 읍면사무소를 통해 일반 주민들도 회의내용을 들을 수 있도록 공개했다. 그 결과 업무지시의 불필요한 계선을 없애 업무의 효율성을 높이고, 주민들 또한 각종의 군정 정보를 투명하게 공유할 수 있게 했다.

군정은 항상 군민들이 참여한 가운데 이루어져야 한다는 차원에서 군청을 개방하고 무주군청 광장을 민원인들과 주민들의 휴식공간으로 활용하기 위해 소공원으로 조성했다. 총사업비 1억 5,000만 원을 들여 조성된 소공원은 500평 규모 광장에 분수대를 만들고 군의 상징물인 반딧불 조형물을 세워 주민의 자긍심을 고취하고자 했다.

청사 외곽은 돌 포장 광장과 분수대, 넓은 잔디밭이 여유로운 모습을 그려내고 있다. 무주군청을 처음 방문하는 민원인의 경우 자신이 방문한 곳이 군청인지 민간 기업체의 사무실인지 의아해한다.

의회를 중심으로 한 일부 정치적 반대세력들은 군청사의 담장과 벽을 허무는 것에 반대했다. 담장을 허물면 군청에 불량배들이 설치고, 군청 사무실의 중요 자료를 훔쳐갈 가능성이 있다는 이유에서였다. 중요 서류를 도둑맞으면 군수가 책임질 것인가, 군청광장에서 불량배들이 행패를 부려도 군수가 책임질 것인가 등 극단적이고 부정적인 견해가 주류였다. 그러나 나는 "구더기 무서워서 장 못 담그는 것 아니지 않는가? 군민을 믿고 개방하고 만약 문제가 있으면 군수인 내가 책임을 지겠다."는 약속을 했다. 드디어 군정을 둘러싼 담장은 허물어졌고 밀실행정은 파괴되었다. 그 뒤로 10년이 지났지만 우려했던 일은 한 번도 일어나지 않았다.

그리고 1999년 6월부터 2000년 3월까지 7억 6,000만 원을 들여 군청사 본관 3개층 11개 부서로 구분되어 있던 사무실(층별 1개 사무실)을 구조 변경했다. 기존 청사의 1, 2층의 내벽을 완전 철거했으며 3층은 개축, 일체형으로 정비됐다.

벽 없는 군청을 만들자. 그것은 밀실행정의 파괴를 뜻한다. 벽 없는 군청을 만드는 것은 군수가 밀실행정을 안하겠다고 천명하는 것이었다. 전체 직원들은 불안해하고 못마땅하게 생각했다.

전체 1, 2, 3층을 리모델링하면서 철제 책상과 캐비닛을 없애고 OA 사무기기로 바꾸었다. 공무원이 장시간 근무하는 데 적합하도록 업무의 안락감과 안정감을 가지고 집중할 수 있게 만들었다. 특히 장애인을 위한 지시보도와 현대식 사무 가구를 설치했으며, 안내 도우미 배치와 백화점수준의 화장실, 자료 및 법령 비치 등 각종 민원인의 편익시설을 갖추고 있다.

각 부서와 함께 민원인의 편의를 위한 부대시설을 갖춰 고객 중심으로 사무실을 배치했다. 1층에는 민원수요가 많은 사회복지 · 건설교통 · 자연환경 · 산림공원 등 4개과를 모아 주민편의를 도모하고 있고,

무주지방의 토종 어류를 한눈에 볼 수 있는 대형 수족관이 있어 산교육장 구실을 하고 있다. 2층에는 재무회계·문화관광·산업경제과를 배치했으며, 펜티엄급 최신 컴퓨터(2000년 당시) 8대가 설치된 인터넷 카페가 갖추어져 군민들이 다양한 정보검색을 할 수 있게 했다. 3층에는 군수·부군수·기획감사실·자치행정과 등 지원부서를 배치했으며, 실내에서 자연의 싱그러움을 감상할 수 있는 특색공간으로 하늘정원을 꾸몄고, 신·구관을 이어 만든 반디터널에서는 무주의 특색과 이모저모를 살필 수 있게 했다.

군청 사무실을 개방하여 공무원들이 친절해지고, 근무태도가 좋아졌으며, 주민들의 태도 또한 달라졌다. 군청 직원들은 사무실이 쾌적하고 안락하고 편안한 것을 느끼고 만족했다. 예전에는 점심 식사 후 의례적으로 낮잠을 자는 분위기와 무단 이석이 많았지만, 개방 후에는 그런 분위기가 사라졌다. 무단 이석을 하게 되면 바로 눈에 띄어, 함부로 자리를 이석하는 것을 스스로 자제하게 됐고, 사적 용도로 전화를 사용하는 태도가 사라졌다.

무엇보다 사무실이 개방되자 근무태도가 달라졌다. 사무실이 공개되자 민원인을 상대하는 공무원의 자세가 친절해질 수밖에 없었다. 민원인 상대의 전화 응대가 부드러워지고 고압적인 분위기가 사라졌다.

벽 없는 사무실을 만들면서 에너지 사용을 최소화할 수 있도록 하고, 자연 채광이 가능하게 해 달라고 주문을 하면서, 관공서라는 틀을 벗어나 달라고 했다. 또한, 공무원의 자세, 민원 응대, 문화 등을 위해서 유명 강사진이 진행하는 친절 및 소양교육을 실시해 공무원의 민원 처리에 있어서의 대민 서비스 정신을 높이도록 하였다. 오감을 만족하는 쾌적하고 편리한 민원실이 되도록 하고 있다.

그리고 주민들의 불편을 해소하고 책임행정을 구현하기 위해 각종 행정 관련 문서에 담당공무원과 처리 부서를 기록하는 행정실명제를 도입했다. 특히 각종 공사의 시공부터 준공까지 모든 처리 과정을 실명화함으로써 공사추진으로 인한 각종 불편을 사전에 예방하고 공사의 신뢰도를 높이기 위한 시도였다.

홀수 날은 남자, 짝수 날은 여자

나는 군정 철학에 있어서 지방자치의 주체인 주민이 진정한 수혜자가 되는 복리행정을 실현하는 것에 목적을 두었다. 제도와 시설의 개선을 통해 주민의 부담을 덜고 편의를 제공함은 물론 복지와 문화에 있어서 경제적인 이유로 인해 도시민과의 차별을 받는 격차를 해소하는 데 일차적인 주안점을 두었다. 다시 말하면 관치시대의 행정 중심의 업무에서 벗어나 주민자치시대에 적합한 주민 서비스 중심으로 행정의 패턴을 바꾸도록 했다.

싱가포르 커뮤니티센터에서 착안한 주민자치센터는 그동안의 읍면사무소가 관치시대의 단순한 행정 업무만 다루던 것에서 벗어나, 의료복지를 담당하는 보건소와 문화복지 기능을 함께 묶어 복합행정이 이루어지도록 했다. 사회복지 업무 또한 군 예산에서 일부 금액을 보조하는 시혜적인 차원에서 벗어나 지역주민이 함께 일상에서 생활화할 수 있도록 하는 데 많은 관심을 가졌다.

주민자치센터는 시골에서 흔히들 5일장이 열리는 날에 면사무소에 들러서 서류를 떼는 등의 행정업무 위주에서 벗어나 언제나 늘 이용할 수 있는 주민재창조의 공간으로 활용의 폭을 넓혔다.

서류를 떼기 위해 일부러 면사무소를 찾아가야 하는 불편은 물론, 몸이 아파도 보건소가 멀어서 이용 또한 어려웠으며, 목욕탕이 없어서 타 시군으로 목욕하러 나가던 지역주민들의 애로를 해결하는 방법을 모색하던 끝에 다기능을 갖춘 복합 커뮤니티 기능을 담당하는 주민자치센터를 만들었다.

무엇보다 면사무소, 보건소 등이 각기 다른 지역과 먼 곳에 위치해 있어 이용에 불편하다는 것은 물론, 많은 시간이 소요된다는 문제점을 해결할 수 있게 하는 것이 매우 중요한 일이었다. 농업을 주로 하는 지역민들이 단순한 일로 하루 일을 소요하는 것은 경제적인 낭비는 물론 일의 효율성을 저해하는 일로 여겨졌다.

주민자치센터에 목욕탕을 만들어 주민 누구나가 원하는 시간에 활용할 수 있도록 했다. 목욕은 위생과 건강을 동시에 해결하는 일이기도 했다. 홀수 날은 남성이 이용하고, 짝수 날은 여성이 이용하는 등 목욕탕을 개방하고 있다. 그리고 목욕탕을 이용하는 노인이나 장애인, 6·25 참전 용사 등 보훈대상에게는 무료로 이용하도록 하고 있다. 더욱이 노인이나 장애인을 위한 유료 도우미를 두어 목욕탕으로의 이동은 물론, 이용에서 오는 불편을 해결해 주도록 하고 있다.

다른 하나는 지역주민이 소외받고 있는 문화와 예술 등 삶의 질을 높일 수 있는 방안에 관심을 가지게 되었다. 지역주민들이 도시민들과 달리 지방에 산다는 이유 하나만으로 경제적인 어려움은 물론 문화와 사회 복지 등 다방면에서 혜택을 받지 못한다면 그것 또한 불합리하고 잘못된 일일 것이다.

서울 출장 시 강남의 노보텔 호텔 휘트니스 클럽에서 강남의 부자들이 수영과 헬스를 즐기는 모습을 보고 우리 무주군민들도 이와 똑같은 시설에서 문화, 예술, 복지 혜택을 누릴 수 있도록 해야겠다고 결심했다.

무주로 돌아와 수영과 헬스는 서울 강남 사람들 도시민의 전유물이 아니라 우리 무주군민도 문화적인 향수를 누릴 방안을 고심하게 되었다. 나는 적은 예산으로 많은 혜택을 가질 수 있는 효과적인 방법을 강구하던 끝에 예술과 체육, 문화적인 공간을 함께 할 수 있는 복합기능을 갖춘 시설을 만들기로 했다. 그 결과 만들어진 것이 무주 예체문화관이다.

예체문화관에 서울 강남 일류호텔에서나 볼 수 있는 수영장을 갖추었다. 지하 1층의 수달수영장은 남녀노소를 불문하고 대단한 인기를 누리고 있다. 무주군은 이 예체문화관을 누구나 친근하게 이용할 수 있도록 함과 동시에 가정형편이 어려운 소년소녀가장, 모부자세대, 불우소외계층, 그리고 65세 이상 노인분들께 대해서는 무료로 수영장을 이용할 수 있도록 하고 있으며, 무료수영강습도 함께 병행하고 있다.

도시민의 전유물이었던 문화, 예술적 측면의 혜택을 군민 모두에게 되돌려 주겠다는 당초의 취지를 100퍼센트 실현하고 있는 예체문화관을 비롯한 한풍루 어울터 일대는 말 그대로 무주의 문화, 예술, 체육의 1번지로 거듭나고 있다. 청량제와 같은 그늘숲을 만들어 주고 있는 등나무운동장에서는 최신 개봉작을 상영하는 야외영화관을 운영하고 있어 군민들의 문화적 욕구를 충족시켜 주고 있다.

독일 나우만 재단의 울리히 니만 등 재단관계자들이 무주를 방문하여 무주 예체문화관과 등나무 운동장을 둘러보고 "독창적이고 창의적인 시설물로 벤치마킹을 해야겠다."고 감탄했다. 예체문화관의 경우 "체육과 문화, 예술, 복지 등 복합적인 공간으로 공간배치와 인테리어, 프로그램들이 탁월하다."고 말했다. 특히, 등나무운동장의 등

나무 파고라는 "친환경적인 마인드가 없다면 이러한 시설물이 구축될 수 없다."며, "이러한 사례를 독일에도 전파할 수 있도록 해야겠다."고 호평했다.

프리드리히 나우만 재단은 독일의 자유주의 정치재단으로 독일에서 뿐만 아니라 유럽, 아프리카, 미국, 아시아 그리고 국내의 사무소를 설치하고 활동을 전개하고 있으며, 국내에서는 1987년 한양대학교와 지방자치연구소를 공동 설립 후, 지방자치에 대한 활발한 연구 활동과 교육기관으로서 역할을 다하고 있다.

나는 한양대학교와의 인연으로 지방자치의 전령사 역할을 하고 있는 나우만재단을 만났고 나우만재단의 초청으로 독일 현지에서 '대한민국의 지방자치를 선도하는 무주'라는 주제로 무주의 성공사례인 무주반딧불축제, 친환경 소재인 돌로 포장된 무주읍 시가지 가로환경 정비사업, 무주의 젖줄, 남대천을 살기기 위한 환경친화형 오염하천 정비사업과 무주하수종말처리장 건설사업, 무주 예체문화관과 등나무운동장 건립사업 등 무주의 사례들을 발표했다.

이제 무주군은 웬만한 군에서는 엄두도 못 낼 스포츠, 문화, 의료, 복지, 교육 시설들을 갖추고, 자라나는 미래 인재들이 기죽지 않는 도시로, 노인과 장애인들이 건강한 삶의 의미를 제대로 느끼며 살 수 있는 도시로 변모하고 있다.

흰 눈이 펄펄 내리는 중에도 예체문화관 실내수영장은 활기로 가득 차 있었다. 연령대와 시간대에 맞춘 각각의 프로그램에 남녀노소를 가릴 것 없이 수영과 사우나를 즐기고 있는 모습에서 나는 만족감을 갖는다.

지방자치 견학 1번지

　　　　　　　　　민선군수가 된 그 이듬해인 1996년 8월
무주군청이 전북에서는 유일하게 한국능률협회가 뽑은 최우수 기초
단체에 선정돼 행정혁신부분의 성공사례를 발표한 적이 있다. 당시
나는 무주군은 국토의 중심부에 위치하고 있고, 청정지역이며 1997년
동계 유니버시아드대회를 유치하여 세계인의 이목이 집중되고 있는
지방이라고 소개한 뒤 행정혁신 사례발표에 들어갔다.

　먼저 체계적인 과학행정을 목표로, 재정운영 용역을 실시하여 세
출 예산 대비 인건비와 일반 행정비가 전국 최고를 차지하고 있다는
사실을 확인하여 연간 7억 원의 인건비를 절약했다고 밝혔다.

　그리고 지방자치의 제1요건은 주민들이 요구하는 바를 정확하게

파악하여야 하며, 이를 위해서 전 가구주를 대상으로 설문조사를 실시하여 고객중심 군정기획 시 유익한 자료로 사용하고 있다는 점을 강조했다.

가장 먼저 한 작업이 업무과정에 있어서 결제과정의 중복과 효율성을 저해하는 부면장제도의 폐지였다. 무주군청은 1997년 불필요한 계선인 부읍·면장제도를 폐지한 모범사례로 행자부로부터 상사업비를 특별교부금으로 지원받았다. 특별히 하는 일 없이 결재단계만 하나 더 있는 부읍·면장제도는 폐지하는 것이 바람직하다는 생각에 행정업무의 효율성과 조직의 감량을 위해서 일차적으로 시행하고, 행자부가 이를 전국에 확산시킨 것이었다.

부읍·면장제를 처음으로 폐지하자, 조해녕 당시 행정자치부장관이 직업 전화를 걸어와 그 이유를 물었다. 나는 부읍·면장제도는 책임도 없고, 결제단계가 하나 더 추가될 뿐 불필요하다고 보고했다. 행정의 고비용·저효율구조로 결제 라인에서 폐지하는 것이 바람직하다고 생각한다고 했다. 장관은 효과를 구체적으로 물었다. 나는 오후에 바로 상경하여 장관에게 부읍·면장제도의 폐지 동기와 효과에 대해 직접 브리핑을 했다.

장관은 '혁신적인 아이디어다.' '행자부에서 생각하지도 못한 신선한 혁신사례'라며 격찬하고는 또 달리 혁신하고 싶은 일이 있는데 예산 사정 때문에 못하는 것이 없느냐고 물었다. 나는 10억 원의 예산을 주면 낡은 군 청사를 리모델링해서 밀실행정을 청산하겠다고 했다.

장관은 즉석에서 나의 요구를 들어주었다.

무엇보다 민선 자치 10년 동안 나와 무주군이 주도한 변화와 혁신 사례는 전국의 지방자치단체 공무원과 지방의원의 견학의 발길이 끊이질 않았다. 군청 담장 허물기에서 시작한 시설은 자치 인프라 구축을 위한 주민자치센터 개관 운영, 군민 건강을 위한 전국 최초의 군민 의료기관을 설립했다. 그리고 부읍·면장제도 폐지와 전국 최초의 수의계약 폐지, 전자입찰제 도입, 효율적인 인사관리를 위한 다면평가제 도입, 전 군민 무료 건강검진사업, 무료순환버스를 운행하였다. 그리고 수렵허가 금지 및 야생동물 보호 및 농작물 피해 보상금 지급, 환경지표 곤충 반딧불이를 소재로 한 반딧불 축제 등 다방면에서 나는 전국 최초로 많은 것을 시도했다. 이것은 관치에서 벗어나 주민 자치의 실현이기도 하지만, 다른 자치단체의 벤치마킹의 사례가 되었다. 변화와 혁신은 발상에서 나온다는 것을 지금도 현장에서 보여주고 있다.

문화·예술·체육 활동 공간 제공으로 군민의 문화 욕구를 충족하기 위해 설립한 예체문화관은 매월 연극, 뮤지컬, 국악공연 등 다채로운 문화예술 공연과 문예 강좌, 어린이 창작교실 등 다양한 학습 프로그램을 운영해 무주군민은 물론, 외래 관광객들에게 호응을 얻고 있다.

무주읍 당산리 한풍루 어울터 일대 주변을 문화, 예술, 스포츠 등 복합타운으로 조성하였다. 등나무운동장에서는 각종 체육행사와 대기업 등 단체의 회합과 모임 등이 열려 지역경제에 활력을 주고 있다.

'담장 없는 군청, 벽 없는 사무실' 등의 추진으로 무주군은 1998년 제3회 지방자치 경영대상을 수상했으며, 1999년에는 전국민원행정 최우수시범기관으로 2000년에는 지방자치 경영대상, 최우수 자치단체상을 수상했다.

무주군의 행정혁신 사례는 다양한 수상경력에서 엿볼 수 있다. 지자체 시행 10주년 기념 지방자치 대상(한국언론인포럼), 2005글로벌 경영 대상(일본 능률협회컨설팅) 등을 수상했으며 매년 중앙정부와 각계로부터 굵직한 평가를 받고 있다.

무주군은 지난 해 11월 26일 한국언론인포럼이 주최하고 한국신문방송연구원이 주관해 지방자치제 시행 10돌을 맞아 벌인 자치단체 종합 진단평가에서 단체장과 대민서비스, 행정서비스 혁신, 보건복지, 정보화·국제화 등 10개 대항목 70개 평가지표에서 고른 평가를 받았다.

무주군은 특히 무료 건강검진사업, 무료 순환버스 운행과 장례식장 운영 등 대민 서비스 부문에서 우수 사례를 인정받았다. 살기 좋은 도시 대상은 서울 3곳, 경북 2곳, 전북·경기·경남이 각 1곳 등 모두 10곳의 지방자치단체가 받았다. 권위주의적인 행정을 타파하고 주민과의 거리감을 없애기 위해 벽 없는 군청 만들기는 물리적인 벽 제거에서 마음의 벽 허물기 운동으로 지금도 계속되고 있다.

행정자치부가 민선 지방자치제 실시 이후 전국 지방자치단체를 대상으로 처음으로 실시한 공식평가인 2005년도 지방행정혁신 평가결과에서 무주군이 전국 250개 광역자치단체와 기초 자치단체 중에서 군단위 최우수기관으로 선정돼 '지방행정혁신 대통령상'을 수상했다.

전국 최초라는 수식어가 가장 많이 따라 다닐 정도로 무주군의 지방자치 10년은 남달랐다. 지금도 전국의 많은 지자체 관계자들이 무주를 방문하여 지방자치 견학 1번지라고 추켜세울 때 무주군 400여 공직자들은 힘들었지만 뿌듯한 보람을 느낀다는 말로 스스로 위안을 얻는다.

4

섬기는 지방자치, 가슴으로 해야 한다

괴테하우스에서 결심한 소년소녀가장들의 유럽여행
의료사각지대에서 주민들을 해방시켜라
든든한 사회 안전망, 따스한 불우소외계층
초고령사회, 여생이 즐겁고 편안하셔야 합니다
공직자는 천당가기도 쉽지만 지옥가기도 쉬워

괴테하우스에서 결심한
소년소녀 가장들의 유럽여행

　　　　　　　　　　　'청소년들에게 꿈과 희망을' 낯익은
글이다. 프로 야구가 출발하면서 슬로건으로 제시한 말이다. 여기에
하나를 더 붙이면 아마 '사랑'이라는 두 글자일 것이다.

　　무주군은, 청소년은 미래사회의 주역임을 깊이 인식하고 건전한
청소년 육성지원에 최선을 다하고 있다. 무주에는 농업을 주업으로
하고 있는 지역주민들이 많다. 더욱이 경제적으로 도시민에 비해서
어려움을 겪고 있다. 이런 경제적 환경 속에서 내일의 꿈을 키워가는
청소년들을 보면 나의 지난날이 떠오른다. 나 또한 가난과 싸워야 했
던 어려웠던 청소년기가 있었다. 하지만 늘 꿈을 잃지 않으려고 최선
을 다해 노력하며 살아왔다.

더욱이 부모가 안 계시는 소년 소녀 가장은 물론, 부모 중 한 분만 계시는 가정의 아이, 결손가정에서 생활하는 아이들의 모습을 보면서 마음 아파할 때가 많다. 이들이 실의에 빠지지 않고 바른 길로 성장해 사회 구성원의 한 사람으로 당당히 내일을 열어갔으면 하는 마음 간절하다.

우리 청소년들이 지금 처한 현실이, 가정형편이 어렵다는 이유로 꿈을 포기하는 그런 일이 일어나서는 안 된다. '미래는 꿈꾸는 자의 것이다.' 미래에 대한 확실한 비전과 열정을 가지고 노력해 나간다면 우리 아이들이 정말 밝고 건전한 미래의 주역들이 될 수 있으리라 확신을 가지고 행정 전반에 반영하기로 했다.

청소년들이 가지는 미래에 대한 꿈은 다양한 경험 속에서 나올 수 있다. 그래서 체험의 기회를 아이들에게 오픈시켜 놓는 것만큼 중요한 것도 없다고 생각한다. 무주군에서는 그런 취지에서 무주-기장간 청소년들의 만남을 추진해 왔고 해외체험프로그램도, 장래희망 결연 프로그램도 그렇게 진행시켜 오고 있는 것이다.

나는 독일 프랑크푸르트 출장길에 잠시 괴테하우스에 들렀다. 세계적인 문호 괴테의 생가가 어떤 모습인지, 그는 어떻게 꿈과 희망을 키워 왔는지를 눈으로 보고 싶었다. 거기서 한국 아이들을 만났다. 그

아이들은 서울에서 방학을 이용하여 엄마의 손을 잡고 선진국의 견문을 넓히기 위해 해외여행을 왔다고 했다. 충격을 받았다. 우리 무주의 청소년들은 어떻게 하면 저런 선진국으로 꿈과 희망을 키우기 위해 해외견학을 갈 수 있을까를 고민하게 되었다.

부모가 있는 아이들은 나중에 기회가 되면 갈 수도 있지만 부모가 안 계시는 소년 소녀 가장들은 가고 싶어도 갈 수 없다는 생각에 이들에게 꿈과 희망을 심어주기 위해 기회를 주자고 생각했다. 그러나 예산이 없었다. 서울에서 한 분에게 방학 때 소년 소녀 가장들에게 유럽여행을 통해 견문을 넓혀주고 싶은데 도와주겠느냐는 의사를 어렵게 던졌다. 우림건설 심영섭 회장은 5,000만 원 상당의 도움을 흔쾌히 주었다.

그러나 불행하게도 방학 중에 해외여행을 가지 못하는 학생들이 생겼다. 나는 방학 때 못 간 학생들을 위해 해외 여행지를 미국으로 바꾸어 미국 대사관에 비자를 신청했다. 그러나 부모가 없다는 이유로, 또 불량 아이들일 수 있다는 일방적인 선입견으로 이들이 한국으로 돌아가지 않을 가능성이 있다는 이유로 비자발급을 거절당했다. 내가 지방자치단체장으로 각서를 쓰겠다고 하자 미국 대사관에서는 성적 증명서를 요구했다. 학생들 중에는 성적이 하위권인 청소년도 있어서 학업 성적을 이유로 비자 발급을 또 거부했다. 미국의 처사는 어린 소년 소녀 가장들에게 너무도 가혹했다. 나는 어린 청소년들에게 약속을 지키지 못한 미안한 마음에 잠을 이룰 수 없었다. 다시 행선지를 유럽인 영국, 스위스, 독일로 바꾸어 소년 소녀 가장들이 꿈에 그리던 유럽여행을 보내 주었다. 이러한 행사를 매년마다 계속해 오고 있다.

특히 무주군의 청소년 해외체험 행사는 전국 어느 지방자치단체에서도 찾아보기 힘든 복지프로그램으로 자라나는 청소년들이 다양한 선진 문화를 접하고 꿈을 키워나갈 수 있도록 하는 데 큰 힘이 되고 있다. 현재까지 90여 명의 학생들이 미국, 영국, 프랑스, 이탈리아, 스위스 등 다른 문화권의 나라들을 방문해 세계를 바라보는 시야를 넓히는 것은 물론 희망을 담고 돌아왔다.

이와 더불어 무주군에서 의지를 가지고 추진하고 있는 것이 바로 소년 소녀 가장 결연사업이다. 이는 소년 소녀 가장들이 꿈꾸는 장래 희망분야에서 이미 성공한 분들과 1:1 결연을 맺어 주는 것으로 이 사업을 통해 만화가, 디자이너를 비롯해 현직 항공사 파일럿과 법조인, 의사 등 19개 분야의 인사들이 아이들과 결연을 맺었다. 무주군은 소년 소녀 가장들이 어려운 가정형편을 비관하지 않고 당당하게 사회의 일원으로 자라날 수 있도록 미래를 향한 꿈을 지원하고 있는 것이다. 결연사업을 통해 청소년들은 꿈을 키우고 공부도 열심히 하고 있다. 꿈이 생긴 아이들은 탈선할 리가 만무하다.

자라나는 청소년들은 우리의 미래이며 주역으로 좀더 적극적인 사회적 관심과 보호의 대상이 되어야 한다. 지방자치단체장이 어떤 생각을 가지고 소년 소녀 가장들을 보살펴 주느냐는 것이 중요하다. 예산을 통해서 돈과 도시락을 주는 것은 쉽다. 그러나 무엇보다 중요한 것은 아이들에게 꿈을 갖게 하는 것이다. 꿈을 가진 사람은 꿈을 통해서 자기 노력으로 미래를 열어가고자 하기 때문이다.

무주군이 올해부터 전국 최초로 관내 초·중·고등학생의 점심을 해결해 주고 있다. 지난해 무주군 학교급식에 대한 경비지원조례를 제정, 지원 근거를 마련하고 관내 초등학생에 대해 급식비 명목으로 1억 8,800만 원의 예산을 지원, 무주군에서 생산되는 우수농산물로 영양식을 제공한바 있다.

지난해 처음 실시한 이 시책이 좋은 반응을 보이자 올해부터는 초등학생에게만 지원하던 급식비를 어린이 집에서부터 초·중·고등학교 학생까지 수혜범위를 전면적으로 확대하여 올해 6억 9,500만 원의 예산을 편성, 지원 준비를 서두르고 있다. 이것은 열악한 농촌지역의 특수성을 감안, 청소년들이 건전한 성장기를 맞이하기 위한 특단의 조치였다.

어린이 집, 초·중·고등학생 점심지원 시책은 청소년들의 건전한 신체발육과 학부모의 가사노동을 크게 경감시켜 줄 것으로 보인다. 또한, 청소년 건전육성은 물론, 지역경제 활성화에도 크게 기여하게 될 것이다.

그리고 관내 우수농산물을 급식재료로 선별 제공하게 됨으로써 소비촉진을 통한 농업부문에도 활력을 주게 될 것으로 내다보고 있다. 이와 같은 시책은 단지 무주군에 국한되지 않고 도내는 물론, 전국적으로 확대 실시되어야 할 것이다.

그리고 교육 때문에 대전으로 주소지를 옮기는 등 지역경제 역외유출 현상이 심각하게 나타나고 있는 부작용을 막기 위해 지역교육환경 개선에 초점을 두고자 한다. 앞으로 관내 중·고등학교 학생을 대상으로 학습부진 아이들과 입시생 등 2개의 보충수업 파트로 구분, 방과 후 교실(가칭)을 운영할 계획도 구상 중에 있으며, 이와 관련한 경비인 교사 식대와 수당 등을 100퍼센트 군에서 지원할 방침을 세우고 추진하고 있다.

이러한 지역교육문제 해결을 위해서는 지방자치단체 차원의 적극적인 교육경비 지원이 가능할 수 있도록 우선적으로 교육자치권이 제도적으로 확보되어야 할 것이다.

의료사각지대에서
주민들을 해방시켜라

　　　　　　　　　지방자치단체장으로서의 보람은 업무에서
온다. 더욱이 나에게는 평생을 가난과 함께 살아온 무주군민들에게
도시민과 같은 사회적인 의료복지와 문화생활을 향유할 수 있느냐가
가장 큰 관심이었다.

　경제적인 여유가 갖추어져 있으면 도시민과 같은 경제생활은 물
론, 문화적인 혜택과 복지를 누릴 수 있을 것인데도 불구하고 농촌에
거주한다는 단 하나의 이유로 인해 의료복지혜택이나 문화생활에서
소외되는 경우를 많이 보아왔다.

　그 중에서 가장 고심한 것이 질 높은 의료 서비스의 혜택을 받을
수 있느냐는 것이었다. 몸이 아파도 제 때에 병원을 이용할 수 없는

경제적인 이유 때문에 건강관리에 소홀히 할 수밖에 없는 지역주민들의 모습을 보면서 마음 아파한 적이 한두 번이 아니다.

그것은 나 또한 12남매라는 대가족 하에서 농촌에서 태어나 가난으로 인한 어려움을 뼈저리게 느껴왔기 때문이다. 가족 중 누군가가 몸이 아파도 경제적인 어려움 때문에 병원이나 약국을 제대로 이용하지 못하는 안타까움은 당사자가 아니고서는 느끼지 못할 것이다. 그런 것을 잘 알고 있는 나로서는 무엇보다 노인 복지와 의료복지업무는 국가와 지역사회가 담당해야 한다는 공공성을 최우선의 철학으로 삼고 군정을 펼쳐 나가고 있다.

시골병원들의 부도현상은 경영상의 문제라기보다는 구조적이고, 사회적인 문제에서 오는 불가항력적인 것이다. 물이 없는 사막에서는 모든 생물이 살 수 없듯이, 사람이 없는 시골에서는 모든 사업이 안 된다. 그래서 갈수록 인구가 줄고, 또다시 모든 사업이 황폐해지는 악순환이 반복되고 있다. 빈익빈의 악순환이 전국의 시골을 황폐화시키고 있다.

시골에서는 병원 외에도 모든 사회기반이 취약하다. 시골에는 영화관, 전시실 등의 문화시설이나 학교, 유치원, 보육원 등의 교육시설, 주거시설, 복지시설 등이 취약해 정부의 지원에 의존하고 있다.

시골 버스회사도 경영난으로 부도의 악순환을 반복하고 있다. 버스는 경영난으로 노선과 운행을 자꾸 줄여 가까운 곳으로 외출할 때는 경운기나 트랙터를 이용하지만 읍내나 먼 데를 나갈 때는 택시를 이용할 수밖에 없다. 무주군에서는 무료 순환버스 운행으로 교통문제를 해결하고 있다.

시골지역의 사회 전반적인 열악한 환경개선을 위해서 정부가 나서야 한다. 민간에게 맡겨 악순환을 반복시키는 것보다는 정부에서 국가재정으로 최소한의 수준을 유지해 주어야 한다.

인구 3만 명이 되지 않는 농촌의 작은 도시인 무주에서 개인병원을 경영하는 것은 그 채산성에서 어려움을 겪기 마련이다. 그것은 일차적으로 농업이 주업인 지역 주민들이 의료보험이 적용된다고 해도 병원을 이용하는 것은 쉬운 일이 아니라는 데 있다. 농번기에는 몸이 아파도 생계를 유지하기 위해 아픈 몸을 이끌고 일터로 나가야 하는 것도 있지만, 경제적인 어려움으로 인해 아픈 몸을 견디어 내면서 생활하는 것이 일상화되어 있는 농민들에게는 병원 이용이 쉬운 일이 아니다.

무주지역에서 의료사업을 영위하는 병원 운영이 경제적인 타산성에서 어려움에 봉착하기는 마찬가지였다. 대우병원이 철수하고 경영난에 직면한 국제병원이 급기야 부도 처리되고 마침내 법원경매로 처분될 운명에 처했다. 따라서 어느 누구도 국제병원 경매에 뛰어들지 않았다. 병원을 인수해 봐야 경제적으로 타산성이 맞지 않기 때문에 경매에 참여하기란 쉬운 일이 아니었다.

갑작스러운 재해·사고·중독 등 응급의료서비스 욕구가 증가할 것이며, 뇌혈관질환·암·고혈압·당뇨병·치매 등 만성퇴행성질환 비중의 증가로 재가의료(간호), 장기요양 등 보건의료서비스 욕구가 다양하게 나타나고 있는데도 이에 대한 의료기능은 마비되고 말았다.

무주지역에 종합병원이 하나도 남지 않아 의료공백이 생겨 입원환자들을 외지로 후송하고, 군민들은 이리저리 방황을 하고 있으니 참으로 가슴 아픈 일이었다. 나는 결단을 내려야만 했다. 이러한 일을 언제까지 지켜보고만 있을 수 없었다. 군내에 종합병원이 하나도 없다는 현실은 지역민에게 크나큰 아픔이자 걱정거리였다. 예산 담당자에게 은밀하게 국제병원 경매에 참여하도록 지시를 내렸다. 군 예산으로 국제병원을 사들여 군민 의료시설로 개조하는 길을 선택할 수밖에 없었다. 법원 경매가 85억 원 하던 병원 건물을 5차 경매에서 26억 원에 낙찰 받았다.

국제병원 건물을 매입한 후 총 60억 원을 투입하여 건물 리모델링과 최첨단 의료장비 497종을 확보하여 2002년 보건의료원을 개원했다. 7개과 50병상의 준종합병원의 시설을 갖추고 전문의 13명, 일반의 11명을 확보하여 전 군민의 건강한 삶을 위한 지역중심 의료기관의 역할을 수행하고 있다.

적극적이고 의욕적인 진료와 환자를 가족처럼 모시고 군민들이 자기 집처럼 편안하게 이용할 수 있게 하도록 하고 있다. 초창기의 고정비 부담 때문에 적자이지만 2, 3년 이내에 흑자운영이 예상된다. 2004년의 경우 보건의료원 수입(20억 9,700만 원) 대비 지출(23억 5,800만 원)으로 전국 보건의료원 중 최소의 적자로 운영되고 있다.

나는 보건의료원 관계자들을 보고 적자 운영에 대한 부담을 갖지 말라고 부탁한다. 양질의 의료 서비스를 저렴한 비용으로 무주군민에게 혜택이 돌아갈 수 있도록 초점을 맞추어서 병원 경영을 해 줄 것을 부탁하고 있다. 흑자를 내기 위해서 무리하게 병원 수가나, 진료비를 올리는 등 지역민의 경제적 부담을 주어서는 안 된다는 것이 주된 이유이기 때문이다.

농촌 지역의 특성상 의료 사각지대에 있는 군민들에게 자신의 건강을 체크할 수 있는 기회를 적극적으로 제공하기 위해 전 군민 무료 건강검진사업을 실시했다. 건강검진으로 조기에 이상 현상을 발견하고, 적절한 치료를 통해 질병의 진행을 막음으로써 군민의 건강을 지켜줌은 물론 상대적으로 건강 소외계층인 불우소외계층 구성원들에게 양질의 의료서비스를 제공하여 더불어 살아가는 복지행정을 구현하고 있다. 2003년 5월부터 2004년 12월까지 검진 가능 인원의 99퍼센트인 총 1만 9,145명이 무료건강검진을 받았다.

검진 결과 전체 검진자의 20퍼센트인 3,839명의 각종 질환을 조기 발견하여 신속한 대처로 질병을 호전시키고 생명을 연장하는 성과를 얻었다. 무엇보다 위암, 대장암, 간암 및 간질환, 갑상선 기능 항진증 등 중증질환자 14명을 조기 발견하여 전문 의료기관으로 신속하게 후송 조치한 뒤 수술 등의 처치로 귀중한 생명을 지키는 등 군민의 의료복지에 이바지해 옴을 자랑으로 여기고 있다.

전국에서 최초로 실시한 전 군민 무료건강검진사업은 종전의 공급자 중심의 보건복지의 틀을 수요자 중심의 공격적 건강관리시스템으로 정착시켰다는 데 큰 의미가 있다. 그리고 전국 최초로 전 군민의 개인별, 가구별, 질환별 의료정보를 데이터 베이스화하여 군 보건행정에서 완벽하게 의료 지원할 수 있는 평생건강관리체계를 구축해 놓고 있다.

무엇보다 2001년도 보건의료원 수가조례를 제정하여 65세 이상 노인에게 무료진료를 실시하여 건강 악화 방지와 거동 능력의 향상, 생활 안정성을 동시에 추진하는 복지의료사업을 추진하고 있다. 여기에 노인 요양원과 납골당, 장례식장까지 군에서 자체적으로 개관 운영하고자 한다. 그렇게 될 때 요람에서 무덤까지의 복지 모토를 실현하는 완벽한 의료종합복지타운이 완성된다. 무주군의 복지시스템이야말로 노인인구가 많은 군의 현실을 반영해 노인들의 여생을 꼼꼼히 배려한 행정의 결정체라고 감히 평가를 해본다.

복지·건강에 대한 욕구를 개인과 가족이 흡수하던 시스템에서 사회가 흡수하는 시스템으로 이행할 가능성이 커지고 있다. 따라서 이에 대한 준비를 해야 할 때가 왔다. 노인·장애인 등 사회취약계층에 대한 소득 및 의료보장시책을 확충하고 사회참여를 통한 자기실현의 기회를 확대하고, 사회복지를 경제수준에 맞도록 확대하여 균형적 관계를 유지함으로써 적절할 경제성장과 공평한 분배를 동시에 달성하도록 하여야 한다.

복지를 소비라는 개념에서 인간 중심의 개발전략을 통해 성장잠재력을 키워준다는 투자적 개념으로 전환해야 한다. 단순보호차원의 소득 이전적 복지보다 근로능력이 있는 사람에 대하여는 교육·직업훈련 등 자활능력의 배양을 통해 일할 기회를 제공함으로써 자활·자립할 수 있는 기반을 조성하여 경제발전에도 기여하는 생산적 기능을 강화하도록 하여야 한다.

무엇보다 복지행정에 있어서의 주민참여를 확대하여 수요자 중심의 복지서비스제공체제를 확립하고, 복합적인 복지수요를 가진 대상자가 일회의 방문으로 필요한 서비스를 편리하게 받을 수 있는 '원스톱 서비스' 체제를 구축해 나가야 한다. 무엇보다 복지에 소요되는 경비가 비용과 소비라는 개념에서 탈피하는 의식의 전환이 무엇보다 중요할 것으로 본다. 그럴 때 양극화와 복지예산의 확충 등 제도적인 장치 마련에 관심을 갖게 될 것으로 보기 때문이다.

든든한 사회안전망,
따스한 불우소외계층

저소득층, 불우소외계층에 대한 문제는 지역사회가 맡아야 한다. 그러나 재정이 빈약한 것이 문제이다. 과감한 재정확충은 물론 복지에 대한 중요성과 더불어 확고한 철학과 인식을 가지고 부단히 노력할 때 가능한 일이다.

선진국의 경우 대규모 예산이 투입되는 SOC(사회간접자본시설) 건설의 경우 태어나지 않은 미래세대에게도 일정한 경제적 부담을 갖도록 하고 있다. 그것은 미래세대들도 태어나서 SOC 건설에 따른 실질적인 혜택을 받는 당사자이기 때문에 그들도 SOC 건설에 대한 부담을 져야 한다는 논리이다. 그리고 당해 SOC 사업에 사용될 예산 중에 일정 부분을 소외계층에 대한 복지예산으로 돌려 사용하고 있다.

건전한 나라의 빚은 남겨 두어야 한다. 미래 세대는 앞으로 혜택을 보는 수혜자이기 때문에 건강한 빚을 남겨 두어 이들도 부담을 지도록 하고, 여기에 드는 예산을 독거노인이나 불우소외계층 등 국가와 조국발전에 기여한 보훈가족이나 장애인과 저소득층에 대한 지원 같은 정책적 배려가 있어야 한다. 그것이 수혜자 부담 원칙이다.

미래세대가 앞으로 수혜를 받는 부분에 대해 그 혜택에 따른 세금을 내고 부담하는 것은 어쩌면 당연한 일이다. 우리는 빚을 남기지 않는 것을 미덕으로 여긴다. 당대의 세금을 바탕으로 재정 계획을 통해 당대에 모두 소비 지출하려고만 한다. 그런 의미에서 본다면 기획예산의 총체적인 패러다임이 바뀌어야 한다.

우리가 관심을 가져야 할 부분 중에 장애인의 복지정책이나 저소득층 생활보호대상자들과 관련한 복지 부분이 많다. 군수 취임 이후 구내식당과 종합민원실 등에 자판기 사업에 대해 관심을 가지는 분들이 많이 나타났다. 이권사업이었기 때문이다. 나는 일차적으로 장애인의 일거리 창출과 복지향상을 위해 무주군 공공시설 내의 매점 및 자동판매기 설치 허가에 관한 조례를 제정하여 장애인들에게만 실질적인 혜택이 돌아가게 했다.

무엇보다 그동안 장애인들의 경우, 진짜보다 가짜 장애인이 득세해 있었다. 겉으로는 장애인 복지사업의 일환으로 배정된 사업이었지만 사업의 당사자인 장애인이 경제적인 능력이 없다는 현실을 악이용하는 사람들이 많았다. 사업자의 명의는 장애인으로 해 두고 실질적으로 사업하는 사람은 다른 사람이 하는 가짜 장애인이 득세했지만, 무주군의 경우에서는 그런 것이 원칙적으로 불가능하게 만들었다. 우선적으로 나는 장애인의 경제적인 어려움을 감안하여 자판기를 군청에서 구입해주고 관리 등의 업무만 담당하게 하여, 그 혜택은 장애인에게만 돌아가게 만들었다. 무주군 내에서 11개소에 20대의 자판기 사업을 장애인들의 실질적인 사업이 되게 했다.

무엇보다 기초생활수급자로 책정되지 않아 생계급여를 받지 못하는 생활이 어려운 자를 지원해 줄 수 있도록 제도적인 장치를 마련해주기로 했다. 부양자인 아들이 경제적 능력이 없거나 어디에 사는지를 모르며 부모를 실지로 모시지 않는 등 경제적인 어려움을 받는 사람에게는 법의 공정성과 사회적 형평성을 저해하지 않는 범위 내에서 지원하는 방안을 강구하도록 하였다.

수급자가 아닌 차상위 계층 중 생계가 어려운 75세대를 선정하여 분기별로 40만 원을 지원해 주고 있으며, 생활이 어려운 자가 갑자기 불의의 사고나 화재, 자연재난을 당했을 시 즉시 구호를 위해 즉시 구호비를 지원해 주도록 예산을 확보해 두었다.

복지수혜 대상자가 아닌 가짜가 진짜로 둔갑해 혜택을 보는 경우가 있다. 가짜가 교묘하게 복지혜택을 보려고 하는 경우가 많다. 정확한 원칙과 기준을 가지고 가짜와 얌체를 가려내려고 한다.

심지어 자가용을 가지고 있는 사람이 장애인으로서 복지혜택을 보려고 속이는 경우도 있다. 이와 달리 상대적으로 복지혜택을 보아야 할 사람이 있다. 주민등록상 부양의무자가 있어서 실제 복지혜택을 못 받는 경우도 있다. 자식은 있는데 어디에 사는지도 모르고, 자식이 부모를 돌보지 않는 경우에는 융통성을 발휘하여 혜택이 돌아가도록 하고 있다. 법적인 안정성과 사회적 타당성 사이에서 심의를 하여 기초생활보호대상자 혜택이 돌아가도록 하고 있다.

지방자치단체별로 장애인, 여성, 노인 등에게 서비스를 해 주고 있다. 그러나 이러한 복지 서비스는 대부분 특정의 대상만이 혜택을 받는 등 단골손님 체제로 운영되고 있다. 노인 복지도 노인대학 출신만, 여성 복지도 여성 단체 위주로 하고 있다. 그 결과 복지 서비스의 혜택이 특정인 몇 사람에게만 돌아가는 등 전체 5퍼센트에도 그 수혜가 돌아가지 않는다. 다시 말하면 90퍼센트 이상이 복지 서비스의 외곽지대인 사각지대에 머물러 있다.

무주군의 경우 국가를 위해 기여한 애국자나, 경제적으로 어려움을 겪고 있는 불우소외계층에게는 군청의 조그마한 일에서부터 관심을 기울여 사회로부터 소외되지 않도록 배려를 아끼지 않았다.

장애인은 물론 국가 유공자, 6·25 참전 군인과 상이군인, 파월 참전군인 등에게 무주군청에서 발급하는 제증명 발급 수수료를 면제해 주고 있다. 2006년부터 전국 최초로 국가 유공자와 참전 유공자 등 조국과 지역을 위해 몸 바쳐 싸워 온 헌신자에 대한 지역 사회적 예우 차원의 자유수호 안보수당을 지급할 계획이다. 이것은 2000년부터 무주군이 시행하고 있는 국가유공자, 6·25 참전 군인, 6·25 참전 상이군인, 파월참전군인 및 국민방위군에 대해 무주군 제증명 수수료 징수 조례를 개정해 수수료를 면제해 오던 것을 확대한 사업이다.

무엇보다 최근 병역 기피, 원정 출산, 해이해 진 안보의식 때문에 조국의 자유를 지켜낸 것에 대한 지역사회적 예우가 필요했기 때문이다. 금전적으로는 그 액수가 적어 별 보탬이 되지 않을 수 있지만 국가와 지역사회를 위해 기여해 오신 분들에 대한 고마움의 표시이다.

지역복지를 증진시키기 위해서는 여러 가지 복지서비스와 시설 그리고 이것을 담당할 전문 인력이 필요하다. 인간의 복지욕구가 다양하고 각 지역마다 지역사회문제가 다를 수 있기 때문에 이것을 해결하기 위한 다양한 복지서비스 전달망이 필요하다. 그러나 시민들이 이용할 수 있는 복지시설이나 복지서비스가 일정한 체계 없이 복잡하게 분산되어 있으면 서비스의 중복과 누락이 발생하여 서비스 효과가 저하되거나 자원낭비가 일어날 가능성이 있다. 특히 복지시설의 지역적 편재와 서비스의 사각지대의 발생은 지역적으로 균등한 복지서비스를 제공하는 데 큰 장애가 되고 있다.

따라서 지방자치단체는 지역주민의 입장에서 자기가 생활하는 곳에서 자기에게 필요한 서비스를 효과적으로 이용할 수 있는 체계를 마련해야 한다. 즉 복지수준이 지역전체 또는 국가 전체적으로 높아졌다 하더라도 지역주민이 손쉽게 자신에게 필요한 복지 서비스를 이용하지 못한다면 지역주민들의 체감복지는 낮을 수밖에 없다.

우리 무주군에서는 중증장애인과 거동이 불편한 노인들을 위한 유료 도우미 제도를 도입했다. 거동이 불편한 중증장애인은 일반인이 생각하는 것보다 비참한 생활을 하고 있다. 가정에 중증장애인이 있을 경우 도움 없이는 일어나지도, 움직이지도 못하는 등 개인적으로 겪는 불편함은 물론 가족도 지치기 마련이다. 무주군에서는 가족의 도움 없이는 외출이 어려운 사람에게 일주일에 하루씩은 유료 도우미 제도를 채택해 도움을 주도록 하고 있다. 군 예산으로 함께 생활하는 가운데 이웃을 알게 하고 도움을 주자는 취지에서 도입을 했다.

무주군이 거동이 불편한 관내 중증장애인에 대해 올해부터 전국에서 처음으로 이동도우미 지원사업을 전개하고 있어 중증장애인들의 삶의 질이 크게 향상될 것으로 기대하고 있다. 이 사업은 무주군에서 관내 중증장애인 20명을 대상으로 이동도우미 5명을 선발하여 도우미 1인이 1주에 장애인 4명을 직접 방문, 빨래해 주기, 목욕해 주기, 식사 같이하기, 같이 이야기하기, 책읽어 주기, 산책, 운동 같이해 주기 등을 해주는 것이다.

특히, 거동이 가능한 중증장애인들은 이동도우미들이 산책도 같이 하고 시장도 같이보고, 도회지 구경이나 영화관람도 함께하는 프로그램들을 편성해 중증장애인들에게 새로운 삶의 기회를 부여하고 있어 재가복지의 진수를 보여줄 전망이다.

무주군은 이 중증장애인 이동도우미 사업이 성공할 수 있도록 이동도우미 선발 시 자격기준을 강화하고 선발된 도우미는 사회복지 관련기관이나 가정봉사원 파견센터 등에 위탁교육을 실시하는 등 사전교육을 철저히 할 방침이다. 무엇보다 사회적 약자보호는 공공적이고 공익적 차원에서 사회적 문제로 인식하고 접근해야 한다.

현재 국민기초생활보장제도의 실시와 복지행정 수요의 증가로 인해 복지행정시스템의 변화는 필연적이다. 그 동안 지역을 단순히 관리하는 차원에서 구조화된 지역행정체계를 지역주민의 삶의 질 향상을 위한 서비스 공급체계로 개편해야 한다. 지역 복지행정 수요에 부응하는 복지행정체계로 전환해야 한다.

지방자치단체는 지역복지전담조직과 인력을 확충하고 지역사회 내 복지관련 기관과 효과적인 서비스 연계체계를 구축해야 한다. 즉 현재 주민자치센터를 지역복지의 최 일선 거점으로 활용할 수 있도록 주민복지센터로 활용하고, 자활지원기관을 설치·확대해야 한다.

특히 현재의 지역복지의 흐름은 재가복지 및 대인서비스의 강화, 그리고 보건·복지·노동과 관련하여 통합적 서비스 제공으로 나타나고 있다. 따라서 복지부문뿐만 아니라 노동과 보건의료분야와의 연계체계 구축의 필요성이 제기되고 있기 때문에 이를 효과적으로 뒷받침할 수 있는 조직개편이 필요하다. 따라서 지방자치단체는 현재 설치되어 있는 주민자치센터를 일선 지역 복지행정의 최후 거점이 될 수 있도록 주민복지센터로 전환해야 한다.

나는 복지업무를 담당하는 공무원이 열정적으로 가슴으로 일하기를 원한다. 열정이 없을 때는 수박 겉핥기식이 되고, 겉치레식의 복지업무가 되기 때문이다.

복지천국을 추구한다는 지역답게 무주군은 종합복지관을 토털 복지시스템을 갖춘 새로운 공간으로 탄생시켰다. 우선 개별공간으로만 인식되던 노인복지관과 장애인복지관, 여성복지관을 하나로 통합시켰으며 바로 옆 보건의료원과 프로그램을 연계해 여가와 건강을 함께 챙길 수 있도록 했다. 종합복지관의 의미도 그래서 남다르다.

생활이 어려운 저소득 취약계층에 대하여 최소한 먹고 입는 문제와 자녀교육, 의료 등 기초생활을 지방정부 책임 하에 완전히 보장하고, 경제적 어려움, 사회적 갈등 등으로 인한 가족해체를 방지하고 가족기능을 보강하기 위한 예방적 복지서비스를 강화해 나가야 한다.

무엇보다 우리 주위에서 흔히 볼 수 있는 실직 등으로 인한 문제가정의 발생 및 가족해체를 예방할 수 있는 가정복지종합서비스체계를 구축하고, 재가복지서비스를 확충하여야 한다. 재가복지사업은 노인·장애인뿐만 아니라 아동복지를 위하여도 필요하며, 시설보호에서 탈피하여 거택보호 위주로 나아가고 있는 세계적 추세를 감안하여야 한다.

아무리 훌륭한 정책을 입안하였다 하더라도 그것을 집행하여 최종적인 서비스를 정책대상자에게 효과적으로 전달하지 못한다면 정책은 효과가 반감되거나 실패할 가능성이 있다. 결국 지역복지발전의 주요한 열쇠는 지역복지전달체계의 구축 여부에 있다는 것을 잊어서는 안 된다.

초고령사회,
여생이 즐겁고 편안하셔야 합니다.

우리나라는 국가 전체 예산 중 복지가 차지하는 비중이 OECD 국가 중에 가장 낮은 수준으로 후진적 모습을 나타내고 있다. 스웨덴 등 선진 복지국가에서는 GDP의 40퍼센트를 복지예산으로 지출하고 있으나 우리나라는 6.7퍼센트 수준에 머물러 있다.

노인 복지나 장애인 복지 등 사회적 약자에 대한 복지 구조는 더욱 취약하다. 지원금을 개인 통장으로 보내 주는 것을 그들을 위한 복지의 전부로 생각할 정도이다. 무엇보다 사회 복지는 수혜자인 개인에게 적합한 맞춤형 복지체제가 되어야 한다. 그러기 위해서는 사회 복지 업무를 담당하는 관계자들이 뜨거운 가슴을 가져야 한다.

전라북도의 경우 노인 인구가 차지하는 비율은 전체의 7.8퍼센트이고, 무주군의 경우는 65세 이상의 노인이 전체의 23퍼센트를 차지하고 있다. 초고령사회임을 다시 한 번 느낀다. 과거 농경사회에서 노인에 대한 복지 문제는 가족 차원에서 해결이 가능했다. 그러나 도시화·산업화 이후 대가족체제가 무너지고 핵가족화되면서 기존의 노인 복지 체계로는 그들을 부양하는 것이 불가능해졌다. 산업시대에는 국가나 지역사회가 부양 의무를 맡게 되었다. 농촌에 남아 있는 노인들의 경우 대부분 6·25 전쟁을 겪은 전후 세대이며 산업화의 주요 인력이었다. 무너진 생활 기반을 다시 세워서 후손들에게는 자신과 같은 아픔과 어려움을 겪지 않게 하려고 희생하고 헌신해 오신 분들이다. 그런데 이런 분들을 국가나 지역사회가 외면한다면 평생을 바쳐서 일한 분들에 대한 예의가 아닐 것이다. 그래서 이제는 국가나 지역사회가 노인들을 위한 복지업무를 담당해야 한다.

특히, 노인은 쓸데없이 비용을 축내는 소모적인 사람이라는 잘못된 인식에서 벗어나야 한다. 그들은 현 세대의 일꾼이 성장할 수 있도록 보호하고 희생해 온 사람들이다. 당연히 지금은 우리가 노인들을 위해 보호하고 희생해야 한다. 그러나 요즘엔 장애인 병원이나 치매 노인병원, 노인 요양시설 등을 지으려고 하면 주민들은 반대하기 급급하다. 혐오시설이라고 규정지어 님비현상이 나타나는 것이다. 이런 모습을 볼 때마다 우리 사회가 너무 비인간화되어 가는 것이 아닌지 걱정스럽다. 사회적 약자를 너무 업신여기고 멸시하고 깔보는 시각이 더 큰 장애라는 것을 모르지 않을 텐데 말이다. 선진국의 경우에는 묘지도 지역사회에 반드시 필요한 시설이라는 것을 인식하고 함께 어울려 생활하고 있다.

복지는 비용만 가지고 되는 것은 아니다. 사회적 나눔과 보살핌, 공적인 부조가 있을 때 가능한 것이다. 누리고 있는 물질적 풍요만큼 남을 배려하는 성숙함이 뒤따라야 한다. 사회적 약자를 언제까지 외면만 하고 있을 것인가? 선진국의 경우에는 예산 이외에도 기부문화나 봉사활동 등으로 나타나는 시민의식이 발달해 있다. 시민들의 자발적인 참여로 정부의 손길이 미처 닿지 못하는 복지 부분을 해결해 나가고 있는 것이다. 그러나 우리나라의 경우에는 전반적으로 개인주의가 너무 팽배해 있고 이웃에 대한 나눔이 없으니 안타까울 따름이다.

더욱이 노인들은 젊은 사람들보다 질병에 걸리기 쉽고, 경제력도 궁핍하며, 무엇보다 외로움을 안고 있다. 지방자치단체는 이런 노인들만이 겪는 고통에 더 각별히 주의를 기울여야 한다.

무주군의 경우 노인들의 질병 문제에 대해서는 더욱 많은 관심을 쏟았다. 궁핍한 경제력의 노인들은 아무리 아파도 병원에 갈 엄두를 내지 못한다. 그래서 군민의료원에서 진료 받을 경우 65세 이상의 노인들의 진료비를 전액 면제하는 조례를 만들었다. 또한, 무주군은 마을회관마다 물리치료가 가능한 전신안마기, 찜질기를 구비해 두었다. 그래서 가벼운 질환은 자체적으로 해결하도록 하고 있다. 그리고 마을회관의 관리운영비를 대폭 높여 어르신들이 기름값이나 난방비 때문에 추위에 떠는 일이 없도록 하였다.

노인들을 위한 의료 서비스는 공격적인 서비스를 해야 한다. 다시 말하면 노인들이 병원에 찾아오기를 기다리는 수동적인 의료 서비스가 아니라 순회 진료나, 직접 앰뷸런스를 이용해 가택을 방문하는 적극적 의료 서비스를 제공해야 한다고 생각한다. 또한, 노인들은 점심 한 끼 해결하기 어려운 간식비 수준으로 하루생활을 영위해 나가는 분들이 많다. 이러한 배고픔의 고통을 해결하기 위해 농한기에는 급식비를 지급하여 조금이라도 고통을 덜어 드리려고 노력하고 있다.

그리고 무엇보다 독거노인의 외로움을 해소해 주기 위해 결연사업을 실시하고 있다. 무주군청과 읍·면장 등이 설과 추석 명절 때 분기별로 독거노인 가정을 방문해 선물을 준비해 전달하는가 하면, 대화를 통해 애로사항을 청취해 고통을 해소해 드리고자 노력하고 있다. 그러나 이러한 사업 또한 수적인 한계가 있다. 보이지 않는 가운데 사랑의 손길을 기다리는 노인들 모두와 함께하지 못함을 항상 아쉽게 생각한다.

노인복지는 행정업무만으로 가능한 사업이 아니라, 우리 지역사회가 사랑과 대화로 함께할 때 그 실질적 효과가 발생한다. 따라서 노인복지는 국가와 지역사회가 담당해야 한다는 원칙을 기본으로 하되 지역주민도 함께 동참하는 사회 복지도 같이 원활하게 이루어졌으면 하는 마음이 간절하다.

공직자는 천당가기도 쉽지만
지옥가기도 쉬워

주민들에게 행정이라는 것은 왠지 나하고는 관계가 없는 것으로 느껴졌었다. 그동안 행정이란 곧 관청을 의미하며, 관청이란 공무원들의 직장 또는 여하튼 높은 곳이라는 느낌이 들었다. 그것은 관치행정의 결과였다. 예부터 관재수라 하여 관청하고는 멀어질수록 득이라는 관념마저 가지고 있었다.

중앙집권체제 하에서 주민들은 관청으로부터 일방적으로 제공되고 부과되는 서비스에 대한 부담만 지고, 행정에 대한 참여기회 조차 가지지 못했다. 또한 관청의 처분과 결정만 기다리고 있고, 무엇을 주장하거나 요구할 길이 없었다. 이러한 점에 착안하여 그동안의 폐단을 없애고 주민과 행정과의 거리감을 줄이기 위해 전국에서 최초로 군청의 담장을 허물고 분수대와 휴식 공간, 어린이 놀이터가 있는 군민 공원으로 만들어 무주군청이라는 간판 대신에 '무주군민의 집'이라는 이름으로 친근한 관청 만들기에 나섰다.

이러한 외형적인 변화도 중요하지만 행정의 변화는 대민서비스에서 나타나야 한다고 생각했다. 무엇보다 친절, 신속, 공정한 민원처리는 기본이며, 사랑과 정성을 다하는 대민행정자세를 펼쳐야 한다는 것이었다. 다시 말하면 선과 사랑을 공무원 스스로가 실천해야 한다는 데 행정업무의 주안점을 두었다.

무주군이 전국 최초로 읍·면·동 기능전환사업으로 추진한 사업인 주민자치센터 사업에서 그동안 민원 업무의 행정기관에서 탈피해 지역 공동체의 커뮤니티센터로서 기능을 갖게 했다. 우리에게 익숙한 읍·면 사무소의 고정관념을 탈피해 주민자치센터 내에 목욕탕, 예식장, 소공연장, 대공연장, 보건지소, 정보의 바다, 전통 솜씨방, 천문대 등 주민자치를 위한 다양한 시설과 프로그램을 운영하고 있으며, 이 중 전국에서 유일하게 운영되는 프로그램으로는 목욕탕, 예식장, 천문대 등이 있다.

산골 오지였던 무주에는 목욕탕이 없어 버스를 2번 이상 타고 읍 소재지에 와서 목욕을 하고 점심을 사먹고 많은 시간을 허비하는 일이 그다지 어색한 일이 아니었다. 그러나 무주군에서는 전국 최초로 주민자치센터 내에 목욕탕을 설치 운영 중에 있으며, 많은 주민들로부터 큰 호응을 받고 있다. 심지어 인접 장수군, 금산군, 거창군 등의 주민들의 이용률이 높아 목욕탕은 항상 만원을 이룬다.

또 하나는 전국 최초로 주민자치센터와 보건지소를 통합 운영해 주민자치센터를 찾는 민원인에게 일거양득의 통합 원 스톱 민원 서비스를 제공하는 등 군민 의료 이용 편의도 향상시키고 있다.

군청이나 주민자치센터를 방문해서 민원을 해결하는 행정체제에서 진일보해 찾아가는 봉사행정을 구현하도록 했다. 이것은 각 읍·면 별 지역 실정에 맞는 다양한 시설과 프로그램으로 주민의 복리증진과 주민이 주인이라는 행정의식의 변화가 만들어낸 산물이라고 할 수 있다.

무주군 주민자치센터 기능전환은 행정자치부 최우수 모범사례로 선정되어 전국 자치단체 및 중앙 부처 등 180여 개 기관, 만여 명의 견학장으로 각광을 받고 있다.

무엇보다 2000년부터 군청 내에 '고품질 생활봉사단'을 구성 운영하면서 군 예산으로 추진하기 어려운 소규모 주민불편사업에 대하여 현장방문 행정을 전개하고 있다. 보일러 수선, 목공, 미장, 소하천 준설, 도로 보수반 등 6개 반과 도로정비원 12명이 보유하고 있는 기능

(보일러 목공, 수로, 용접, 미장, 조경, 운전)을 활용하고 있다. 봉사단에 지원되는 장비로는 군에서 보유하고 있는 굴삭기, 덤프트럭, 커터기, 용접기를 비롯한 20여 점의 장비와 소하천 준설용 굴삭기 1대, 거푸집 제작용 합판, 흄관, 포장용 아스콘, 시멘트 등이 이용된다.

불우계층에 자택의 보일러 수선, 전기, 담장 보수를 비롯한 생활 불편 사항과 마을 진입로 및 안길 보수, 경로당 시설 개보수, 농로 보수, 소하천 준설, 농수로 불편사항, 기타 주민 불편 사항에 대하여 긴급하게 출동하고 있다.

나는 공무원들에게 선을 추구하는 행정, 사랑을 실천하는 행정을 펼치라고 수없이 이야기한다. 도로의 안전을 담당하는 공무원이나, 제설작업을 담당하는 공무원이 직무태만할 경우에는 교통사고가 나고, 일가족이 떼죽음을 당할 수도 있다.

10년 전 나는 무주에서 스키를 타고 돌아가는 귀가길 일가족이 25톤 트럭과 충돌하여 다섯 살 딸아이와 젊은 부부가 현장에서 즉사하는 모습을 목격했다. 조금 전까지 무주리조트에서 스키를 즐기면서 얼마나 행복했을까를 잠시 생각하다가 문득 '내 잘못이다. 내 탓이다. 내가 제설작업을 제대로 지휘하지 못한 탓이다.'라고 생각하며 고인들께 용서를 빌었다. 그 뒤 상습결빙지역에 대한 제설작업을 대폭 강화하여 철저하게 했다. 24시간 제설작업에 대한 업무를 강화했다.

비단 제설작업뿐만 아니다. 사회복지 업무를 담당하는 공무원이 복지행정을 잘하지 못했을 경우 그 피해결과도 마찬가지로 엄청나다. 돈이 많은 부자는 겨울이 두렵지 않다. 그러나 저소득 독거노인이나 불우소외계층한테는 겨울이 무섭다. 그들한테는 겨울을 이길 방풍과 난방이 잘 되어 있느냐는 것부터 고민해야 한다. 이러한 일은 누가 해야 하는가. 바로 노인이나 소외계층의 이웃인 우리들이나 사회복지업무를 담당하는 공무원이 해야 한다. 야생동물 또한 마찬가지이다. 혹독한 겨울도 고통이지만, 야생동물에게는 독극물, 밀렵 등이 이중, 삼중의 고통이다.

어디에서 행하든 공직자가 하는 일은 사랑의 실천이고, 선을 실천하는 길이어야 한다. 자기 업무에 충실하면 천당 가기도 쉽지만, 충실하지 않으면 지옥 가기도 쉬운 것이다. 모두들 자기 일에 충실하게 열심히 살아야 하는 것이다.

무엇보다 업무를 실천했을 때 얼마나 많은 사람들을 기쁘게 할 것인가, 얼마나 많은 사람들이 혜택을 볼 것인가에 관심을 가져야 한다. 그런 의미에서 본다면 동절기의 제설작업 등 종합안전대책, 하절기의 파리, 모기 등 방역작업을 위시한 여름철 안전대책 등 사회안전망 구축사업이 매우 중요하다. 명절일 경우에는 병원, 약국 등이 대부분

문을 닫기 때문에 응급의료체제를 유지하는 것도 우리가 간과해서는
안 될 일이다.

겨울철에 눈을 치우는 작업이 단순하게 보일지 모르지만 노약자가
낙상하지 않도록, 다치지 않도록 한다는 의미에서 매우 중요하다. 이
와 마찬가지로 건설행정은 물론, 상하수도 부분 등 사회복지정책, 농
작물에 대한 겨울철 안전대책 등 선과 사랑을 실천하는 행정은 주위
에서 얼마든지 찾을 수 있다.

무주군에는 잉여인력을 활용하여, 자가용도 없는 주민의 편익을
제공하기 위해 시내 무료순환버스를 운행하고 있다.

무료순환버스는 1996년부터 시가지를 순환하면서 군민의 손과 발
이 되고 있는 이 버스는 발상의 전환이 가져다 준 시책이라는 점에서
높이 평가받고 있다. 무료순환버스는 민간이 운영하거나 위탁하는
것이 아니라 무주군에서 직접 운영하고 있어 더욱 새롭다.

무주군의 이 무료순환버스시책은 무주읍 시가지 중심에 위치해 있
던 버스터미널을 시가지 외곽으로 이전하면서 생겨났다. 버스터미널
이 현재 위치한 터미널로 이전하자 시가지로 진입하던 완행버스와
직행버스 노선이 폐쇄돼 주민들의 불편이 이만저만이 아니었다. 무
주군에서는 이를 해소하기 위한 대안을 만들어야 했고 그 대안이 무

료로 시가지권을 순환하는 버스였다.

무주군에서 무료로 셔틀버스를 운행한다고 하니 관내 택시업체와 기사들이 들고 있어났다. 이러지도 못하고 저러지도 못하는 상황에서 나는 대안을 마련하고 본격적인 갈등관리에 들어갔다.

주민들의 편의를 위해 무료순환버스를 운행해야 한다는 당위성에 대한 설명회와 토론회를 개최하는 등 입장을 분명히 했다. 소득 감소를 우려하여 택시업체 및 개인택시의 반발 등 반대 입장에 대해서는 관내 개인택시의 증차를 동결하겠다는 대안을 마련했다. 양자의 입장을 정확히 파악하고 문제에 대한 대안을 제시하자 반대의 입장은 수그러들기 시작했다. 문제의 근본을 정확히 짚고 대안을 마련해 시행했던 무주군의 무료순환버스 시책은 갈등관리의 표본이라는 평가도 받고 있다.

현재 무주군의 무료순환버스는 모든 이들이 지켜보는 가운데 안정적으로 운행되고 있고 군민의 손과 발이 되고 있다. 특히, 무주군에서 무료순환버스를 운행하면서 유휴인력을 활용하고 있어 효율적이고 생산적인 경영행정이 돋보이고 있다는 평가다.

무주군 공무원인 기사들의 유휴시간과 인력을 활용했던 것이다. 예전 같으면 하루 운행 후 기사대기실에서 시간을 보내던 기사실 운영시스템을 전면적으로 바꿔 이를 군민의 편의로 돌려놓은 것이다. 무료순환버스 운영은 감사원 우수사례로 타 지자체에 전파되기도 했다.

장일순 선생이 들려주신 말이 새롭다.

"자네 집에 밥 잡수시러 오시는 분들이 자네의 하느님이여. 그런 줄 알고 진짜 하느님이 오신 것처럼 요리를 해서 대접을 해야 혀. 장사 안 되면 어떻게 해야 하나, 그런 생각은 일절 할 필요 없어. 하느님처럼 섬기면 하느님들이 알아서 다 먹여 주신다 이 말이야."

무위당 선생은 아마 공무원에게는 하느님이 지역주민인 것을 이야기해 주고 싶어 하는 것 같았다.

5

지방자치는
아이덴티티로 경쟁한다

반딧불이 농특산물 없어서 못 판다
자연주의가 좋다 반딧불이와 함께
조상들의 솜씨에 농촌의 희망이 있다
농업이 망하면 농촌도 망한다
자연재해도 전화위복이다

반딧불이 농특산물 없어서 못 판다

예부터 '무주'가 산간오지의 대명사였다면, 이제는 태곳적부터 간직해 온 오염되지 않은 청정 환경과 아름다운 자연경관을 바탕으로 한 '반딧불이'가 무주의 대명사로 자리 잡고 있다. 이제 반딧불이는 무주의 브랜드로 확실히 자리매김하면서 브랜드 가치 또한 상상을 초월할 정도로 전국의 소비시장에서 위력을 발하고 있는 무형의 자산이 되었다

개인과 기업 이미지처럼 지역의 브랜드 가치는 매우 중요하다. 지방자치단체 입장에서도 지역특색을 살려서 지역 농업을 차별화하고, 특성화하는 것이 지방자치단체의 경쟁력을 높일 수 있는 무엇보다 중요한 수단이며 첩경일 것이다.

나는 지역에 대한 인지도 제고가 지역 경쟁력을 높이는 최선의 방법이라 생각하고 지역 브랜드 육성을 통한 지역경제 살리기에 매달리면서 무주가 무엇으로 살아갈 것인가에 대하여 고민을 시작하게 되었다. 그것은 '지역의 이미지를 어떻게 재창조할 것인가?' '심벌을 무엇으로 삼을 것인가'의 문제였다.

지역브랜드를 만들 때 중요한 것은 지역의 부존자원, 역사와 전통, 자연환경을 최대한 이용하여 지역의 장소적 상품성을 극대화함과 동시에 차별화된 이미지를 창출해야 한다는 것이다. 아무리 지역자원이 상품성을 잠재하고 있다 하더라도 타 지역과 차별화된 독특한 지역 이미지와 결합되지 않는다면 지역 브랜드로서 성공하기 어렵다.

나는 가장 무주적인 것, 무주의 냄새가 짙은 것에서 찾는 것이 가장 경쟁력 있는 상표라고 생각했다. 오지라는 이미지와 잘 찾지 않던 수려한 자연과 깨끗한 환경을 바탕으로 한 청정도시의 이미지가 가장 경쟁력이 있다는 점을 착안을 했다.

지역 브랜드는 지역의 색깔과 혼을 담은 창의적인 것이어야 하며, 개발 이후에도 지속적이고 전략적인 실천이 이뤄져야 한다는 전제가 담겨 있다. 따라서 지역은 그 자체가 명품이 될 수 있어야만 세계에서 가치를 인정받게 된다. 그러기 위해서는 물리적 실체를 갖추는 것도 중요하지만, 개성 있는 강력한 이미지를 갖추는 것 또한 중요하다. 그래서 지방은 자신의 색깔과 혼이 담겨 있는 브랜드를 만들어야 하며, 지역이 그 색으로 통합되고 미래를 향해 움직일 때 가치 있는 것이다.

나는 무주의 아이덴티티를 어디에서 찾을 것인가를 고민해 왔다. 주민 아이디어 공모를 받았으나 신통치 않았다. 내 나름대로는 무주군지(郡誌)를 열심히 뒤지던 중 천연기념물 322호인 반딧불이 서식 보호지의 기록이 눈에 들어왔다. 순간 뇌리에 번갯불이 튀었다. '무주군의 모든 발전 전략을 여기서 잡자.'며 신들린 듯이 기획을 했다. 나는 '깨끗한 자연과 환경을 이용한 지역살림'을 무주 군정의 지표로 삼기로 했다. 반딧불이 살아 있다는 것은 하늘(대기), 땅(토양), 물(수질)이 오염되지 않았다는 것을 입증하는 것이다. 반딧불이를 살리는 것은 우리의 자연, 하늘 땅 물을 깨끗하고 쾌적하게 생태적으로 우수하게 만들자는 것이었다.

도시화, 산업화에 뒷북치는 것은 무주 스스로 정체성을 잃는 것이라 판단하고 가장 무주다운 것인 반딧불을 이용한 지역 브랜드를 높이는 방안에 착안하기로 했다. 아무도 관심을 갖지 않고 있는 자연의 소재인 반딧불이 가장 무주다운 것이며, 가장 성공할 가능성이 높다고 판단했다. 일각에서는 의외로 시큰둥했다. '한때 개똥처럼 흔하다고 해서 개똥벌레였는데 그런 걸로 우리를 어떻게 먹여 살리겠는가?'라는 것이 주된 반응이었다. 세계 제1의 청정지역 - 무주, 반딧불이의 고장 - 무주라는 포지셔닝을 확보해 청정지역의 대표 브랜드로 위상을 정립해 나가기로 했다.

결과적으로 그러한 구상에서 출발하여 반딧불이를 모체로 한 무주 이미지 만들기는 무주만의 독특한 이미지를 구축하고 브랜드 가치를 엄청나게 높이는 결실로 나타나게 되었다

산간 오지 낙후의 이미지를 청정의 이미지로 탈바꿈시킨 것이었다. 땅은 똑같은 땅이지만 소비자가 보는 느낌은 완전히 달랐다. 반딧불이를 상표로 한 농산물은 청정 농산물로 각광을 받기 시작했다.

반딧불이의 역사를 거슬러 올라가면 우리 어릴 적 기억 속에 초가지붕 위로 영롱한 빛을 발하며 밤하늘을 수놓았던 추억 외에도 반딧불이와 얽힌 이야기는 수없이 많다. 어두운 밤길에서 나그네를 놀라게 만들어 갖가지 전설을 낳았던 도깨비불이기도 했고, 수양대군은 어릴 적 추억을 잊지 못해 수백 섬의 반딧불이를 잡아다 경희궁 뜰 앞에 풀어놓고 즐겼다는 말도 전해내려 온다.

원래 반딧불이라는 곤충은 대기, 토양, 수질의 지구환경의 3박자가 조화를 이루어야만 살아갈 수 있는 청정 환경 지표 곤충이다. 현재까

지 보고된 지구상의 생물 140만 종 가운데 스스로 빛을 내는 곤충은 반딧불이 하나라고 한다. 무분별한 화학농자재 남용과 공기오염으로 반딧불이를 볼 수 없게 된 지 오랜 지금, 사라져 가는 반딧불이를 마음껏 볼 수 있는 곳이 바로 무주이다. 반딧불이가 살아 있다는 것은 하늘(대기), 땅(토양), 물(수질)이 살아 있다는 증거가 아니겠는가!

무주군에서 반딧불이는 진흙에서 캐낸 진주와도 같은 신비한 보물이다. 오염되지 않은 깨끗한 자연에서만 서식하는 환경지표곤충인 반딧불이를 통해 환경의 중요성을 다시 한번 되새기고 낙후의 한을 떨치기 위해 1997년 반딧불이를 소재로 처음으로 '무주 반딧불 축제'를 열었다. 우리나라 청정 자연의 1번지 무주에서 펼쳐지는 천연기념물 322호 반딧불이를 소재로 한 무주 반딧불축제가 바로 환경축제란 단어를 만들어낸 것이다. 지난 해 6월 2일부터 11일까지 펼쳐졌던 제9회 무주반딧불축제는 총 61만 명의 관광객을 유치해 1인당 평균 10만 5,303원을 소비한 것으로 집계됐으며 69억여 원의 부가가치효과와 31억여 원의 소득효과 등 총 125억여 원의 파급효과가 있었던 것으로 나타났고 한국을 대표하는 발전가능성 있는 축제로 인정받았다.

반딧불이를 직접 눈으로 볼 수 있다는 점이 이 축제를 다른 지역의 축제와 차별화시킨 성공요인이라고 볼 수 있다. 반디생태체험관은 행사장내에 대형 에어돔을 설치한 다음 실내에 초가집 등과 암막을 설치하여 야생 반딧불이를 자연과 똑같은 조건으로 사육하였다. 반딧불이를 낮에도 관찰할 수 있도록 하고 현장 탐사를 희망하는 관람객에게는 사전 신청을 받아 자연 속의 서식지에서 직접 반딧불이가 나는 모습을 볼 수 있도록 하고 있다. 반딧불축제는 그동안 질적 · 양적인 측면에서 비약적인 발전을 거듭한 결과 성공적인 환경 축제로 자리 잡고 있다. 독창성과 공익성을 각계각층으로부터 인정받아 세계적인 축제로 거듭나고 있으며 전국 지방자치단체의 벤치마킹 대상이 되고 있다.

무주군은 이러한 반딧불축제를 통하여 생태문화의 메카로, 청정문화단지로의 이미지를 창출하고 무주를 반딧불이의 고향이라는, 독점적인 이미지와 정체성을 구축함에 따라 지역 농 · 특산물에 청정의 이미지를 부각시켜 비교우위를 확보함으로써 고부가가치를 창출하고 있다.

또한 매년 반딧불축제에는 전국 친환경농산물 품평 · 전시회를 개최하여 무주농산물의 차별성과 우수성을 널리 알리고, 친환경농업 세미나를 동시에 개최하여 자연과 환경이 조화를 이루어 상생할 수 있는 지속가능한 농업에 대한 공감대 형성과 저변을 넓혀 나가고 있다.

그리고 천연기념물로 지정된 반딧불이와 관련된 상표를 상품의장 등록하고 특허를 받는 등 법적으로 보호받고 있으며 반딧불이를 모태로 반딧불이가 사는 생태문명도시, 자연의 나라 무주를 만들어 나가기 위해 군의 모든 현안사업을 친환경산업으로 펼쳐나가고 있다.

반딧불 축제 이후 청정지역을 상징하는 반딧불이를 무주의 브랜드로 삼아 주민의 정체성을 일깨우고 전국적인 관심을 불러내겠다는 전략으로 무주군은 '반딧불이'에 대한 상표권을 등록함으로써 반딧불이에 관한 한 독점적인 지적재산권을 확보했다.

지역 브랜드 가치의 중요성은 반딧불 상호를 둘러싼 경상북도 영양군과의 지난 특허분쟁이 잘 대변해 준다. 지난 12월 8일 경북 영양군을 상대로 지난 3~4월 제기한 두 건의 소송에서 특허심판원이 영양군에 '반딧불이 상표 등록을 취소하고 반딧불이란 이름을 공공행사와 영업 등에 활용하지 말라.'고 최근 잇달아 결정했다. 결국,무주군이 청정지역 이미지를 높여온 '반딧불이' 브랜드를 독점해 쓸 수 있게 되었다.

그동안 무주군은 반딧불이가 서식하는 청정이미지에 걸맞도록 농약이나 화학비료를 쓰지 않는'친환경농업으로 농업방향을 일찍이 전환하였다. 대단위 친환경농업지구 조성과 생태농업 마을 등 친환경농업 기반구축에 모든 군정역량을 결집시켜 온 결과 무주 농산물에 대한 소비자의 신뢰와 선호도가 크게 높아졌다. 또한 군에서 국내 최대의 유기질 퇴비공장을 건립하여 양질의 퇴비를 무상으로 전 농가에 직접 공급해 주는 시스템을 갖추고 있다. 아무리 친환경농법이 좋다고 해도 노인들만 남은 농가에서 손수 퇴비를 만들게 하는 것은 무리였다. 주민의 부담을 덜어 주고 서비스하는 게 행정이 해야 할 일이라는 생각에 무주군은 산림 부산물을 잘게 부숴 유기질 퇴비를 만드는 공장을 직접 운영하고 있다. 여기서 만들어진 연간 2,100여 톤의 유기질 퇴비는 전량 농가에 무상으로 공급하고 있다.

그리고 군에서 친환경농업에 대해서는 품질인증취득비용을 지원해주고 반딧불 상표를 사용하도록 하여 생산자와 소비자가 신뢰할 수 있도록 하고 있다.

이제 지역주민들 또한 오염 안 된 환경이 바로 돈이 되고 경쟁력이 된다는 점을 깨닫게 되었다. 농약을 치는 대신 오리가 논에 들어가 해충을 잡아먹고 우렁이가 잡초를 뜯어먹는 농법으로 벼농사를 짓고 있다.

이러한 노력의 결과 무주의 농·특산물에는 반딧불이 상표가 붙었다. 반딧불이 쌀, 반딧불이 마늘, 반딧불이 사과, 반딧불이 포도, 반딧불이 고추장, 반딧불이 된장 등이 외부로 출하되고 있는 중이다. 반딧불이라는 상표는 무주의 청정산업을 대변하는 바로미터가 되고 있다.

반딧불이가 서식하는 청정지역에서 생산된 무주 농산물은 안정적인 판로 확보는 물론 시세도 좋다. 다른 지역의 사과가 상자당 3만 원선에서 거래될 때 반딧불이 무주사과는 10만 원을 호가하는 등 서울 가락동 시장에서 전국 최고의 경매가를 받고 있다는 사실이 이를 잘 대변해 주고 있다. 이제는 군과 주민이 21세기 농업은 친환경 농업만이 살길이라는 데 공감대를 형성하면서 지금까지 이루어 온 친환경 농업을 소득과 연계시키기 위해 전군민의 의지와 역량이 결집되고 있다

'지구적 사고, 지역적 실천'이라는 그린피스의 모토처럼 반딧불 축제는 무주의 것이자 동시에 대한민국의 것이며, 나아가서는 지구촌 모든 시민의 것이다. 물과 공기에 국경이 없듯이 환경문제 또한 국경이 없다.

무주반딧불 축제는 무주만의 것이 아닌 세계인의 공통적인 관심사이며, 공통된 축제가 되고 있다. 채 2센티미터도 되지 않는 작은 발광 곤충인 반딧불이가 전 세계인의 자연환경에 대한 이해와 관심, 애정을 전해 주는 메신저로서 지구촌 모든 이들의 공감대를 이끌어 가는 역할을 하고 있다.

사라져 가는 청정 환경의 지표생물 반딧불이를 직접 눈으로 보는

기회를 얻을 수 있다는 점이 이 축제를 타 지역축제와 차별화시키는 성공 요인이라고 볼 수 있다. 군 소재지의 거리에는 반딧불이 모형을 응용한 장터와 가로등이 세워졌다. 특히 가로등은 야밤의 어둠 속에서 반딧불이처럼 빛을 발하게 만들었다.

자연주의가 좋다
반딧불이와 함께

　　　　　　　이미 예측해 왔듯이 21세기는 자연과
인간이 상생하는 환경의 시대로 접어들었다. 자칫 환경을 앞세우면
개발과 상치되어 경제발전과는 상반된 개념으로 인식하기 쉽지만 환
경은 지역의 무한한 경쟁력이면서 경제적 잠재력이라 할 수 있다

　　우리 무주를 오면 군 경계의 대형 안내판에 '자연주의가 좋다, 반
딧불과 함께, 여기는 생명평화의 땅, 무주군입니다.'라고 적혀 있다.
이 모토는 우리 무주군이 지향하는 이념이며 나아가야 할 방향이다.
무주군의 생명평화의 이념은 무주군이 환경적으로 건전하고 지속가

능한 개발을 환경행정으로 구축해 나가고 있음을 대내외에 알리는 것뿐만 아니라 오염되지 않은 자연자원의 보존과 생태계 및 환경 복원에 주력하겠다는 내부 다짐이기도 하다.

나의 철학은 무주를 대한민국 환경 수도 무주, 생명 평화의 땅 무주로 만드는 데 있다. 자연친화적인 개발이어야 한다는 것이다. 개발은 하되 친환경적이고, 친자연적이어야 한다는 것이 나의 소신이면서 철학이다.

나는 자연주의자이고, 환경주의자이다. 자연을 지키면서 성장하는 도시, 육지 안에 있는 DMZ가 나의 목표이다. 나는 브라질 꾸리지바와 독일의 프라이브르그 시와 같은 세계적인 생태도시 무주를 만들고 싶어하는 것이다.

21세기는 환경의 시대, 환경이 돈이 되는 시대이다. 환경을 도외시하는 지역은 경쟁력을 결코 지닐 수 없다. 태권도공원과 관광레저형 기업도시도 마찬가지이다. 친환경적, 친자연적이고 생태적이지 않으면 도시민이 무주에 와야 할 이유가 없다. 그들이 관광을 하면서 도시의 정서와 취향을 느끼고자 한다면 자신들이 거주하는 도시에서 머무르고 말 것이다.

나는 군수 취임 이후 자연과 인간이 공존·공생하는 모델도시로 가꿔보겠다는 목표를 세웠다. 산업화에 의해 탄생된 현대도시들의 내면은 언제나 아름답지 않았다. 고위관료와 공무원들의 머리는 석고상처럼 굳어져 있고 주민들은 행정으로부터 소외되어 있었으며 자연은 인간과 유리된 채 방치되어 있다. 이 같은 문제점들을 안고 있는 현대 도시의 모습을 무주개발에 적용해야 한다는 생각은 생각 자체만으로도 끔찍하다. 아이러니하게 무주가 산업화·도시화에서 뒤떨어진 게 오히려 생태환경지역으로서 빛을 발하는 계기를 마련하는데는 오히려 긍정적인 요인으로 작용했다.

생명이 있는 모든 동물은 고통 받고 죽기를 싫어하는 것은 당연하다. 얼마나 많은 생명들이 사람들 때문에 죽어 가느냐를 생각해 본다. 자연은 생명이다. 인간만이 자연이 병들어 죽어가는 사실을 모르고 있다.

자연이 죽어가고 신음하고 있는 것을 우리는 보지 못하고 있다. 평상시에 도로를 운전하면서 동물 보호를 위해 브레이크를 잡아야 한다. 이제 동물보호지역에서는 차량이 서행하는 것은 물론 야생동물을 위해 별도의 길도 마련해 주어야 한다. 도로를 설계하면서부터 먼저 야생동물에 대한 배려가 있어야 한다.

인간과 자연의 생명이 공생공존하는 지구의 패러다임이 필요하다.

물에 먹이주기를 하는 이중적 모습이 싫기 때문이다.

무주군민들 사이에도 수렵 금지에 대한 반발이 거셌다. 그러나 나는 소수 사람들을 위해 수렵을 허가해 현존하는 세대는 물론, 후세들에게 파괴된 생태계를 물려주어서는 안 된다는 생각이 들었다.

농민들 또한 야생동물이 농사에 피해를 준다고 아우성이었다. 그래서 군 예산으로 농민들이 야생동물로부터 피해를 입으면 그 부분에 대해 전액 피해를 보상해 주겠다고 군 조례를 만들었다. 그러나 우려와는 달리 생각보다 예산이 많이 들어가지 않았다. 야생동물도 보호하고, 농민도 보호하는 일석이조의 효과를 거두고 있다.

1950~60년대 배고프던 시절에는 개구쟁이들도 감히 '까치밥'을 넘보지는 못했었다. 날짐승도 먹어야 산다는 어른들의 말씀이 천근의 무게로 짓눌러 '빨간 유혹'을 물리치게 했었다. 국립공원에는 "반돌이와 다람쥐에게 도토리를 돌려주세요."라는 글귀가 붙어 있었다. 참나무 열매인 도토리는 겨울잠을 자는 다람쥐와 반달가슴곰 등 야생동물들이 추운 겨울을 넘기는 중요한 식량인데 등산객과 단풍구경을 나온 행락객들이 하나둘 주워가면 야생동물들이 굶주린다는 것이다. 도토리는 다람쥐와 청솔모 등 야생동물의 귀중한 식량이다. 다람쥐가 여기저기 숨겨 저장해 둔 도토리는 이듬해 어린 싹을 틔워 다음

세대 산림을 무성하게 하는 귀중한 자산이 되며 야생 동·식물의 보금자리가 된다.

까치가 사라지고 청솔모가 급속도로 늘어나고 있다. 생태계의 균형이 깨어지고 있다는 것을 반증하고 있다. 구렁이, 독사, 살모사는 보신용이라고 그물을 처서 다 잡아먹는다. 먹이사슬로 자연계가 균형을 이루도록 하여야 한다.

공자는 농부에게 콩을 심을 때 3개를 심으라고 했다. 하나는 땅속의 생명을 위해서, 다른 하나는 들짐승이나 날짐승의 먹거리로, 마지막 하나는 심은 농부가 먹으라고 했다. 그것은 아마 일찍이 공자가 자연의 중요함을 설파했는지 모른다.

인간도 자연에 나눌 줄 알고, 베풀 줄 알아야 한다. 인간도 지구 생명체의 하나에 불과하다. 그럼에도 우리는 자연의 생명을 너무 경시하면서 살고 있다.

생태도시의 이상은 좋지만 돈이 많이 들어간다는 말을 자주 듣곤 한다. 거창한 토목공사, 도시계획을 말하기 때문이다. 생태도시는 꿈이 아니며 막대한 예산으로 실현되는 것도 아니라는 사실이다. 좋은 아이디어를 주민을 위해 실천하는 창조성의 원칙, 주민 존경의 원칙으로 예산의 제약을 뛰어넘을 수 있을 것이다.

나는 일차적으로 아스팔트와 콘크리트 문화는 거절하기로 했다. 시가지 가로 환경 정비사업 등 생태건설 분야에 자연친화적 개발 사업을 펼쳐나가기로 했다.

무주군의 남대천 수해복구 사업과 무주군 예산으로 옛 하천 되찾기 운동사업을 전개했다. 남대천 개발사업에서 콘크리트를 이용한 호안블록 대신에 폐석을 이용한 자연친화적이며 친환경적인 사업 또한 생태계 복원을 노린 사업으로 성공한 것도 재해예방사업은 물론 생태도시 건설의 표본으로 제시되고 있다.

일차적으로 지역의 브랜드 사업으로 추진한 반딧불이가 우리 무주의 자연친화적이고 청정한 이미지를 잘 나타내 주고 있다. 반딧불이는 생태관광지로서 무주의 성가를 높이는 역할과 지역경제를 활성화하는 보배가 되었다. 그리고 반딧불이를 상표로 등록하면서 무주 농산물이 특성화·차별화되어 무공해·저공해 농산물로 먹거리의 안전성을 보장하면서 농민들의 소득을 높여가고 있다.

이제 무주군은 친환경농업이 뿌리를 내려 많은 농산물을 무농약·저농약으로 생산하고 있다. 화학농자재의 남용을 억제하고 친환경적인 청정 농산물 생산을 위해 유기질 비료를 자체 생산하여 농가에 무상으로 나눠주는 등 토양 살리기 운동을 꾸준히 벌여왔다. 또한 야생동물 수렵금지구역을 군 자체로 지정해 운영하고 있으며, 야생동물로 피해를 입은 농가는 군에서 보상해 주는 등 자연의 소중함을 군정에 반영시키고 있다. 그 결과 무주군이 환경부와 《조선일보》가 제정한 제10회 대한민국 환경대상(환경운동분야)을 받았다.

도시가 발전하면 인구가 늘고 도시 규모도 커진다. 그리고 많은 도시문제, 환경문제가 뒤따르기 때문에 도시를 계획적으로 개발하는 것이 중요하다. 생태도시를 만들기 위해서는 먼저 자연을 가꾸고, 자원을 절약하고 재활용하여 공해를 일으키는 요소를 줄이며, 시민의 편의를 최대한 고려한 교통이나 복지 제도를 이루어야 하는 것이다. 여기에는 한 도시의 살림을 맡아 보는 자치단체뿐만 아니라 전 지역주민이 함께 참여해야 한다. 그런 의미에서 브라질의 도시 꾸리찌바의 성공은 큰 모범이 될 것이다.

미국식 소비주의가 대재앙을 예고하고 있다. 세계 인구의 4퍼센트인 미국이 지구 자원의 40퍼센트를 사용하고 있다. 자연의 대량 고갈을 전제로 한 대량생산은 대량소비에 의한 쓰레기의 대량생산 등 자연의 파괴로 직결될 수 있기 때문이다.

우리는 지금 태어나지 않은 미래의 후손까지도 생각하지 않으면 안 된다. 자연은 자연 그대로 물려주어야 한다. 파괴되고 유린된 자연환경을 물려줄 수는 없는 것이 아닌가. 그리고 우리는 50년 후의 성장 동력은 무엇으로 할 것인가도 함께 고민하지 않으면 안 된다.

꾸리찌바로부터 지하철 대신 버스교통체계를 마련한 것이나 폐전차의 객차를 탁아소로 활용하는 등 저렴한 비용을 투입해 자원을 활용한 사례에서 많은 교훈을 얻고 있다. 저렴하게 자원을 활용하는 것은 단순하면서도 검소한 생활 자세와 정직함이 배어 있다. 도시 행정은 그렇게 복잡한 것은 아니다. 지방행정 또한 자신의 자산을 관리하듯 주인 의식을 가지고 운용하는 검소함이 실천될 수 있을 때 주민의 지지와 참여가 늘어난다는 평범한 사실을 잊어서는 안 된다.

도시의 공기를 캔에 담아 1달러 짜리 관광 상품으로 팔고 있는 브라질의 꾸리찌바를 능가하는 세계 최고의 생태문화도시를 가꿔보고 싶다. 잘 보전된 환경에 맞는 먹거리, 볼거리, 체험거리로 생태관광의 보고가 되는 것을 목표로 행정을 펼쳐왔다. 그런데 어느새 군수 임기가 마칠 때가 다가와 있다.

조상들의 솜씨에
농촌의 희망이 있다

　　우리 조상들은 집짓기부터 옷 입는 것까지
무엇 하나 직접 하지 않는 것이 없었다. 그 일 하나하나에는 우리 조
상의 얼과 맥과 혼이 그대로 묻어있는 소중한 우리의 자산이 되었다.

　　무주군은 이러한 전통산업의 메카로서 지역경제 활성화와 지역주
민의 소득증대를 위해 '군민 잘살기 운동'의 일환으로 '한 마을, 한
가정, 한 상품 운동'을 추진하여 이제 정착단계에 접어들면서 실질적
인 소득향상에 톡톡히 기여하고 있다.

　　전통과 현대가 조화롭게 어우러진 무주만의 산업을 육성하기 위한
전통산업은 그 기반을 '한 마을·한 가정·한 상품 운동'에 두고 있다.

이는 농촌 어메니티(amenity) 사업과도 그 맥을 같이 하고 있으며, 무주의 관광산업과도 깊은 연관이 있다.

무주의 전통산업은 발상 자체부터가 생태문화도시 무주건설을 위한 환경산업이라는 데에 남다른 차이점을 가지고 있다. 무주군은 '슬로우 시티(Slow City) 무주'라는 '느림의 도시, 무주'를 선포했다. 무주군이 선포한 이 '느림의 도시'는 모든 산업과 상품들을 전통적인 방법과 기술에 의해 제작하고 판매한다는 의미가 내포되어 있다. 무주에서 생산되는 수공예품, 식품, 신발, 모자 등 우리 일상생활의 모든 필수품들을 직접 수공예로 제작하고 이를 판매하겠다는 것이다.

실제로 전통산업을 집중 육성하기 위한 기반 인프라 구축사업에도 내실을 기하고 있다. 무주군 적상면 치목마을과 안성면 사전마을을 삼베 짜는 마을로, 부남면 극락사를 된장 중심의 콩을 테마로 한 전통산업 시범단지로 조성했다. 26개소에 256명이 짚, 넝쿨, 한지, 염색 등 전통 수공예품 생산에 참여해 농한기를 이용한 농외소득을 올리고 있다.

대량생산에서 발생하는 반환경적인 요인을 제거하고, 이를 지역의 전통으로 또, 브랜드로 가꾸어 하나의 산업으로 육성하겠다는 것이 '슬로우 시티' 선언의 의미이다. 이것은 전통산업을 무주의 주력산업으로 육성 발전시켜 나가겠다는 강력한 의지의 표출이다. 실제 선진 외국의 사례를 보면 이러한 전통산업이 지역과 국가의 네임벨류 (Name Value)로 또는 주력산업으로 활용되고 있는 경우가 많다.

노인들에게 질병의 고통 문제와 더불어 중요한 것은 궁핍한 경제생활이다. 노인들의 경우 일할 능력은 있는데 일감이 없어서 소일거리로 고민하시는 모습을 자주 보아 왔다. 일이 없어 경로당이나 마을회관에서 고스톱 등 노름을 즐기시는 모습을 자주 볼 수 있었다.

그러나 무주군에서는 노인들이 가지고 있는 전통적인 솜씨, 수작업 및 수공예에 대한 솜씨 등 사장시키기 아까운 솜씨를 젊은 여성들에게 전수해 줌으로써 '한 마을·한 가정·한 상품 만들기'를 통해 노인에게 일감을 드리고, 소득을 갖게 하고 있다. 노인들 또한 옛날부터 해오던 일을 하게 됨으로써 일에서 재미를 느끼는 경우가 많았다. 전통음식 만들기는 물론 바느질 솜씨를 이용하여 삼베를 가지고 수의를 만들게 함으로써 농가 소득증대는 물론, 노인에게 일감을 주는 일거양득의 효과를 거두고 있다.

솜씨가 뛰어난 노인들은 명장으로 지정해 일정부분을 지원해 주고, 그 솜씨를 계승 발전시키도록 노력하고 있다. 전통식품, 전통공예 등의 지역 특산품으로 팔고 있다. 큰 액수는 아니지만, 소득으로 이어지고 전통적인 기술의 맥도 이어지게 하고 있다. 노인의 외로움이 일거리를 찾아서 해결되고, 젊은 여성들에게는 솜씨와 기능을 익힐 수 있는 기회가 주어진다. 더불어 명장이 40명이 발굴되어 지역경제에도 도움이 되고 있다.

가정에서 생산되고 있는 특색 있는 상품들은 입소문과 명성을 쌓으면서 대도시 까지 주문판매가 이어져 오고 있다. 무주군에서는 이를 위해 기술전수교육 등에 역점을 두고 상품의 질 향상에 주력하고 있다.

또 주5일 근무에 따른 도시민들을 무주로 유인하기 위해서 그동안의 5일 장터를 토요장터로 바꾸었다. 토요장터는 다른 생활품을 공급받던 장터에서 도시민들에게 지역 특산품 등 무주의 상품을 공급하는 장터로 바꾸었다. 도시의 백화점을 모방하는 것이 아니라 시골 장터, 옛것의 전통을 살리는 것이 무주의 혼과 맥, 멋이 있다는 생각에 차별화하고 특색 있는 것으로 바꾸어 나갔다.

그리고 테마 장터는 두부를 만들고, 삼베를 짜는 등 체험거리를 제공해 줌으로써 도시민과 농촌 일손이 함께 거래하는 시장으로 만들었다.

이러한 대외적인 사업은 물론, 우리 무주가 가지고 있는 특색 있고 차별성이 뛰어난 지역산업을 발전시키는 것도 하나의 과제였다. 일감과 소일거리로 고민하고 있는 노인들의 전통적인 수공예 등의 솜씨와 젊은 여성들 간의 맥 잇기 사업을 통해 지역 특산품을 개발해 오고 있다. 이러한 상품은 토요시장이나, 테마시장인 반딧불시장으로 나와서 도시민에게 시골의 향수와 정취를 느끼면서 자연스럽게 구매할 수 있는 공간을 제공하고 주민소득과 연결시키고 있다.

최근에는 주5일제와 더불어 금요일 저녁이면 도시민들이 주말 행선지를 찾는다. 볼거리, 먹거리, 즐길거리, 체험거리에 따라서 도시민의 발걸음을 5일만에 무주 중심으로 집객하는 마케팅 효과를 거두고 있다. 그리고 주민들에게는 소득으로 이어지게 하고 있다. 사람이 모이고 지역이 발전해야 농촌이 가치 있는 진정한 삶의 터전이 될 수 있을 것이다.

먹거리, 살거리, 놀거리, 체험거리 등을 얼마나 잘 갖추고 있느냐에 따라 도시민이 지방으로 이동하게 되고, 도농순환형 경제교류가 이루어지게 되는 것이다.

나는 항상 우리 무주군청 직원들에게 당부한다. "무주를 찾는 도시민의 주머니를 털어라. 그리고 그 주머니에 기쁨과 행복을 가득 넣어 드릴 수 있어야 한다." 그리고 무주 농·특산물의 우수성을 알리기 위하여 "청정지역에는 반딧불이 있습니다. 반딧불이가 여러분의 식탁을 안전하게 지켜드립니다."라고 군에서 홍보 마케팅 업무를 담당하고 있다.

1990년대 중반부터 서유럽 국가들을 중심으로 시작된 농촌 어메니티 운동은 농촌 특유의 자연환경과 전원풍경, 지역 공동체 문화, 지역 특유의 수공예품, 문화유적 등 다양한 차원에서 사람들에게 만족감과 쾌적성을 주는 요소를 통틀어 일컫는다.

자연 경관을 해치지 않고 사람들에게 만족감을 줄 수 있는 농촌의 모든 경제적 자원이 농촌 어메니티이다. 서유럽에서는 이러한 농촌 어메니티를 농촌개발의 새로운 패러다임으로 정해 정부의 농업정책에 적극 반영하고 있다.

농촌 어메니티 정책은 농업의 다면적인 기능과 농촌이 고유하게 보유하고 있는 특성을 살리는 방향에서 농촌의 총체적인 어메니티 자원에 대한 재발견과 활용을 통해 농촌의 활성화와 발전을 모색하는 정책이다.

이러한 흐름은 비단 우리나라만의 방향전환이 아니다. 일본, 유럽 등 여러 나라의 공통적인 현상으로서 농업의 한계를 극복하고 농촌의 활성화를 도모할 수 있는 발전적 대안의 하나로서 시행되고 있기 때문에 이후로도 지속되고 확산될 가능성이 매우 높다. 농촌정비에 있어서 새로운 패러다임으로서 자리매김할 것으로 여겨진다.

지역자치단체장과 주민은 스스로 힘을 모아 지역 어메니티와 특징을 찾아내 자생적 발전 모델을 만들지 않는다면 농촌에는 희망이 없다. 쌀 경쟁력이 계속 감소하고 있는 상황에서 농지 확충보다는 농촌에서 부가가치를 높일 수 있는 다양한 산업을 보급시키는 것이 자치단체장의 주 업무라고 보아야 한다. 건전한 도시 자본의 농촌 유치를 위해 농촌에서 소득과 고용이 창출될 수 있는 방향으로 농촌 어메니티 정책은 활성화되어야 할 것이다.

농업이 망하면 농촌도 망한다

쌀 협상 국회 비준동의안이 마침내 국회에서 찬성 가결되고 위기에 처한 우리 농업을 지키기 위한 성난 농민들의 절규가 지축을 뒤흔들고 있다. 전국각지에서 길거리로 나선 농민들의 분노에 국민적 관심과 정부정책은 왜 이렇게 소극적이고 야박하기만 한지 참으로 답답하고 야속하기 짝이 없다. 날이 갈수록 농민들의 부채는 증가하고 농촌은 피폐해지면서 작금의 이러한 사태들은 이미 농촌사회에 누적되고 예견된 일이다.

현재 우리 농업과 농촌은 미국 등 선진 강대국에 의해서 주도되는 WTO체제 하에서 시장개방이라는 불공평한 힘의 논리에 밀려 국제교역질서가 빠르게 재편되는 가운데 경쟁력이 취약한 우리 농업은 생산기반마저 붕괴되는 아픔을 겪으면서 끊임없이 벼랑 끝으로 내몰리고 있다.

더욱이 한·칠레의 FTA 협정이 체결되고 우리 농업인에게는 숨 돌릴 겨를도 없이 미국과의 또 다른 FTA협상이 시작되고 있다. 유사 이래 우리 농업이 어렵지 않은 때는 한 번도 없었다고 하지만, 작금의 농업현실은 농업기반 붕괴와 새로운 도약을 결정짓는 전환기에 처함으로써 농업인들은 정부의 대책에 대한 실망과 농업의 미래에 대해 두려움으로 가득 차 있다. 중요한 것은 농업이 어려울 때마다 잡초 같은 강인한 생명력으로 농업현장을 지켜온 힘없고 소외당한 농업인들의 희생이 담보가 되어 한미 FTA협상이 타결되어서는 안 된다는 것이다.

시장개방이 어쩔 수 없는 국제교역 질서라면 이득과 손해 보는 쪽이 있기 마련이다. 국가정책은 이득 보는 쪽에서 손해 보는 쪽으로 그 갭을 메워야 한다. 경쟁력 있는 부분에서 이득이 생기면 경쟁력이 없어 손해 보는 부문에 재원을 재분배하는 국가정책이 이루어져야 한다. 한·칠레나 미국과의 FTA 협정으로 자동차, 반도체 가전 등이 이득을 보고, 농산물 수입으로 농가 소득에 영향을 미쳤다면 이에 대한 재원의 재분배에 대한 정책을 수립하는 것이 당연한 일이다.

우리나라는 WTO건 FTA건 그로 인해 이득 보는 계층은 따로 있고 농민들만 피해를 본다. 이득을 보는 계층이 대한민국의 여론과 정치를 지배하고 있기 때문이다. 특히, 간과해서 안 될 일은 WTO를 주도하고 있는 미국과 농업 강대국들은 대외적으로는 개방을 표방하고 가입국들의 농업보호정책에 대해 무장해제 압력을 가하고 있지만, 내부적으로는 오히려 자국의 농업보호를 위해서 다양한 보조정책과 직불제도를 통해 자국농업을 적극적으로 보호하고 있다는 사실이다.

미국은 쌀, 밀, 귀리, 면화, 대두, 유지작물에 이르기까지 광범위하게 품목별로 소득이 보장되는 목표가격을 정하고 시장가격이 목표가격에 미달되는 경우에 그 차액을 지불하는 소득직불제도를 시행하여 자국농업을 적극적으로 보호하고 있다. 또한 유럽연합 (EU)도 공동농업정책을 통하여 공동시장 형성을 유도하고 쌀, 소맥, 대맥, 우유, 유제품 등 주요 작목에 대해서는 최저가격을 지지하는 개입가격을 설정하여 직접지불제를 통해 손실분을 보전해 주고 있다.

우리나라는 근래에 들어 쌀 소득보전 직불제와 조건 불리 지역 직불제, 친환경농업 직불제 등 농가소득 보전을 위해 직불제를 확대해 나가고 있지만, 이제 그 시작 단계로서 직불 수준이 최저생계비 수준에도 미치지 못하기 때문에 농가소득을 지지하는 안전장치 역할을 제대로 못하고 있는 실정인 것도 사실이다. 따라서 이제 우리 농민도 열심히 일하면 잘 살수 있다는 희망을 가질 수 있도록 농업 강대국 같은 제도적 안정장치가 절실히 필요하다.

지방분권, 지역균형발전정책이 허울 좋은 정책이 되지 않기를 원한다면 진정한 지역균형발전을 이룰 농촌 살리기 운동에 매진해야한다. 농촌도 살아야 하고, 농업도 해 볼 만 하다는 직업이 되어야 일자리가 창출되고 도농간의 지역균형이 이루어진다.

우리 정부와 정치권은 도시문제를 해결하기 위해 도시에 예산을 집중한다. 도시문제를 해결하기 위해 SOC, 교통문제, 도시주택, 환경, 학교 시설 확충 등에 엄청난 돈이 들어간다. 그 결과 도시는 과잉 상태에 빠지고 농촌의 희생은 더 커질 수밖에 없다. 유권자의 표심을 의식하는 정치권력과 위정자의 그릇된 생각이 도시 집중을 가중시킨다.

농업이 망하면 농민이 망하고 농민이 망하면 결국 농촌이 망하는 것은 너무나 자명한 사실이다. 누구나 살기 어려운 곳에서 벗어나려고 하는 인간의 본능을 우리 농민도 똑같이 가지고 있다. 그래서 농촌의 붕괴는 결국 도시의 부담이 되고 도시는 빠른 속도로 농촌을 빨아들이는 거대한 블랙홀이 되어 버렸다. 도시 과밀의 원인은 농촌을 죽이고 홀대한 것에 대한 역효과 때문이다.

도시는 농촌의 사람도 빨아들이고, 돈과 일자리도 빨아들이고, 학교와 학생도 빨아들인다. 그래서 도시는 중증 비만에 허덕이고, 농촌은 중증 영양실조에 비실거린다. 도시의 중증 비만을 해소하기 위하여 정부는 천문학적인 예산을 도시교통, 도시주택, 도시환경, 도시교육에 쏟아붓지만 그 악순환은 계속된다. 차라리 그 돈으로 농업 강대국같이 농촌, 농민, 농업을 지키고 살찌우는 쪽으로 방향을 선회하면 도시와 농촌을 동시에 살리는 가장 바람직한 국토 균형 발전이 될 것이다.

농촌을 회생시키는 것이 도농 간의 격차 해소에 도움을 주는 가장 빠른 지름길이다. 도시 과밀을 막기 위해 농촌에 투자 비중을 확대해야 한다. 농민을 살리는 절규가 아니라 우리나라를 살리는 길이라는 것을 명심해야 할 것이다.

무엇보다 농촌 유권자가 전체 유권자에서 차지하는 비중이 수적으로 얼마 안 된다고 무시해서는 안 된다. 우루과이라운드 협정이 발효된 이후 지난 10년의 유예기간이 잃어버린 10년이라는 평가를 받는 것처럼 시행착오가 다시는 반복되어서는 안 된다. UR 협상 이후 10년이 잃어버린 10년이 된 것은 단기 문제에 집착하다보니 장기적인 문제를 놓쳤기 때문이다. 앞으로도 단기 문제에만 집착하게 되면 또 잃어버린 10년을 되풀이할 수밖에 없을 것이다. 앞으로 10년 동안 국내 쌀 산업의 체질을 강화할 수 있는 근본 대책을 조속히 마련해야 한다.

농업·농촌 종합대책에는 몇 년 후 우리 쌀값을 어디까지 가져갈 것인지, 농민의 소득보전은 어떻게 할 것인지 등 실행 프로그램을 마련해야 한다. 지금까지처럼 보완대책을 반복하는 것으로는 문제가 해결되지 않는 만큼 근본부터 새로 합의하고 미래지향적인 정책을 마련해야 한다.

일터에서 수확의 기쁨을 누려야 할 농민들이 왜 머리에 붉은 띠를 두르고 볏 가마니를 불태우며 절규하는지, 정부와 국민 모두는 농업 강대국에서 그 해법을 찾고 우리 농업, 우리 농민, 우리 농촌을 살리는 확고한 정책을 내놔야 할 것이다. 그래야 농민들의 원성과 피 맺힌 절규의 함성을 잠재울 수 있을 것이다.

언젠가 서울의 한 모임에서 이런 말을 한 기억이 난다.

"생전에는 세금을 도시에 내고 죽어서 송장만 농촌에 온다. 자기 땅이라고 묘지만 잠식한다. 무덤만 고향에 오지 말고, 평상시에도 제발 농촌의 목소리에 귀를 기울여야 달라."

그렇다 농촌문제는 농민만의 문제가 아닌 우리 온 국민이 고민해야 할 사안임이 틀림없다.

자연재해도 전화위복이다

무주는 자연재해복구사업을 통해서 새로이 태어났다. 옛 하천 되찾기, 항구적 개량복구, 생태경관하천 복원, 디자인이 있는 하천경관 형성 등의 목적을 가지고 진행한 수해복구사업은 무주군의 또 다른 아이덴티티로서 작동하고 있다. 맑은 물의 대명사라 불리는 무주구천동은 청정환경 무주의 또 다른 이름인 것처럼, 수해복구를 통해 인간의 탐욕과 도시화에 따라 훼손된 하천을 다시금 자연에 되돌려 놓은 남대천, 구량천 등은 무주군의 또 다른 아이덴티티인 것이다.

사람들은 무주군이 수해복구사업을 통해 무주군의 지도를 바꾸었다고 말한다. 몇 번에 걸친 수해복구 사업은 말 그대로 무주군의 지도를 바꿔놓았다. 옛 하천 되찾기를 통해 하천의 폭이 넓어지고, 하천을 자연형상 그대로 유지하면서 현행하천에서 멀리 떨어져 옛 하천 바깥으로 제방이 새로이 생겨났다. 하천 좌·우안을 합쳐 총연장이 108킬로미터에 달하는 사업이었다. 새로이 생겨난 제방은 평상시에는 무주의 수려한 경관과 맑은 물을 관람할 수 있는 경관도로로 기능하도록 하였다. 남대천이 흐르는 무주읍, 설천면, 무풍면은 하천을 따라 경관도로가 생겼다. 안성의 구량천을 따라 소재지 우회도로가 개설되었고, 적상의 적상천 역시 길이 새로 생겼다. 부남을 제외한 각 읍면마다 수해복구사업을 통해 아름다운 하천변의 경관도로가 생겨난 것이다.

하천변을 따라 느티나무와 벚꽃나무를 심었다. 양수장을 새로이 지어 주고 농업 목적의 하천 횡단 구조물인 취입보는 헐어버렸다. 불가피하게 존치하는 곳에는 어도를 두었다. 콘크리트는 최대한 억제하였다. 제방의 석축은 공극이 있어 물고기들이 산란할 수 있도록 하였다. 하천에도 생태디자인을 적용하고, 일석삼조의 효과를 가진 복합적 기능의 하천수해복구를 하였다. 토지 주의인 협조를 얻어 홍수터 흔적 설계를 하고 유수지도 두도록 하였다. 수해복구라 하여 생태경관과 자연 친화성은 무시한 채 방재기능만 우선시하는 것은 무주군의 자연자원을 해치는 지속가능하지 못한 개발이 된다. 수해복구도 디자인이 필요하다.

수해복구사업은 무주군에 있어 전화위복의 사업이 되었다. 방재목적을 달성함은 물론, 경관 도로 확보, 농업용 도로의 확보, 재해시의 우회 도로 확보, 옛 하천 되찾기 등과 같은 자연형 하천의 복원 등은 무주군의 브랜드를 한 단계 높여주고 있다. 위기는 곧 기회인 것이다.

매년 수해를 비롯한 각종 재해가 고귀한 인명과 재산, 그리고 삶의 터전을 송두리째 앗아가고 있다. 무주군도 예외는 아니었다. 11년의 재임기간 동안 세 번의 큰 수해를 입었다. 무주군 행정을 책임진 사람으로서 수해로부터 고귀한 인명과 소중한 재산을 지켜내지 못한 책임을 깊이 통감하고 있다. 이 점에서 나와 무주군 공무원들은 죄인일 수밖에 없다.

지난 2005년 전라북도를 강타한 8월 3일의 집중호우 시 응급 복구 현장에서 무주군 공무원들은 주민들에게 죄인들의 다짐을 결의한 적이 있다. 피해지역 주민들에게 속죄하는 유일한 길은 다시는 이러한 재해가 발생하지 않도록 근본적인 대책 마련과 가장 빠르고 안전한 항구복구를 실시하는 것이다.

무주군이 연이어 세 번의 수해를 계속적으로 당한 것은 한마디로 말하면 '소 잃고 외양간 고치는' 중앙정부 방재행정 때문이다. 단일

하천에 대해서는 처음부터 끝까지 치수대책을 할 수 있도록 하여야 함에도 불구하고 우리나라는 피해가 난 구간만 보수하도록 하고 있다.

세 번의 수해는 모두 지난 년도에 수해복구를 한 곳이 아닌 그 상류부에서 발생했다. 2000년 수해는 남대천 무주읍 구역에서 발생했고, 이를 항구개량복구로 완전히 고쳐 놓았다. 이 공사로 2002년 전국을 강타한 태풍 루사 수해 때에는 하류인 무주읍은 완벽히 보호되었다. 그러나 그 상류부와 하천들은 무주 전역 108킬로미터에 걸쳐 2,000억 원에 달하는 대규모 피해를 발생시켰다. 만일 2000년 수해 피해 당시 무주읍 시내권역의 남대천을 항구 복구하지 않았다면 무주군청을 비롯한 각급 관공서뿐만 아니라 무주읍 시가지 쪽 상가 및 가구들은 완전 침수되어 상상하기 힘든 인명과 재산상의 피해를 입혔을 것이 불을 보듯 뻔하다.

2005년 8월 3일에 내린 집중호우는 시우량 68밀리미터에 강우량이 344밀리미터 이상으로 1시간여 동안 집중적으로 쏟아졌다. 다행히 남대천이 흐르는 무풍면, 설천면 지역과 구량천이 흐르는 안성면 시가지 지역은 경미한 피해만 입었다. 만일 2002년 루사 수해 당시 단순 복구에 그쳤더라면 말 그대로 무주군 전역은 완전 쑥대밭으로 만들어졌을 것이다.

2000년 수해피해는 사실 아주 경미하였다. 몇 억이면 단순 복구를 할 수 있었다. 다행히도 인명과 재산상의 손실은 한 건도 발생하지 않고 제방만 피해를 입었다. 시내권 제방 좌·우안 도합 약 6킬로미터에 걸쳐 여기저기 패이고 블록이 유실되었다. 행자부 피해산정 기준으로는 약 2억여 원밖에 되지 않았다. 그러나 그런 땜질식 복구로는 더 큰 비가 오면 도저히 감당할 수 있을 것 같지 않았다.

제방이 낡아 언제 터질지도 모르고, 설령 제방이 양호하더라도 상류부 난개발과 기상이변을 견디기에 현재의 제방은 낮고, 자칫하면 일시에 무주읍내를 침범할 수도 있다는 생각이 들었다. 기술자들에게 자문을 구하니 차제에 고쳐야 한다고 기술공학적으로 동의하였다.

용담댐, 하류부의 개발, 자연적인 퇴적, 최근 10년간의 기상자료 등을 검토한 결과 전에 비해 무주군 남대천 시내권의 하천 홍수위가 1미터 이상 상승되었다는 결론이 나왔다. 다음으로는 제방 호안블럭 내구성이 현저히 약화되어 물이 휩쓸고 가는 소류력에 견딜 수 없다는 것이다. 홍수시 남대천의 물살 속도는 초당 4~5미터에 해당하는 급류이다. 물이 일어서서 온다고 생각하면 된다.

처음에 이 사업은 중앙재해대책본부로부터 수해로 파손된 부분만 단순 원상 복구하는 공사로 확정되었다. 그러나 나는 반복적인 수해 예방을 위해서는 단순 복구로는 불가능하며 혁신적인 개량복구 사업이 필요하다는 지속적인 건의와 끈질긴 설득을 통해 오늘날의 남대천을 만들었다.

여기저기 자문을 구하는 한편 실무자들에게 세밀한 전략을 검토하도록 했다.

수해복구에는 단순복구와 개량복구가 있는데 이 경우는 개량복구로 건의하기로 했다. 전면적으로 제방을 튼튼히 새로 축조하고, 필요 토지를 매입하는 등, 검토된 총 소요사업비는 200억 원이 소요된다는 것이다. 중앙정부를 설득할 수 있는 치수상의 논리를 개발하는 것이 필요했다.

전라북도에서는 항구복구를 받아들일 수 없으니 행정자치부에 직접 건의하라는 것이었다. 관계직원들에게 성사시킬 때까지 행정자치부에서 살라고 지시하고 내 나름대로 중앙정부를 방문하여 사무관들에게 일일이 설명을 하고, 결정권이 있는 분들을 찾아다니며 지원을 요청하였다. 지겨울 정도로 건의하자 행자부에서 조사반을 다시 특별 파견하여 낮과 밤을 가리지 않는 3박 4일 동안의 감사원 감사 뺨치는 철저한 조사를 하기 시작했다. 그 결과 단일사업비로 국비 120억 원을 확보하여 남대천개량복구사업에 투입하였다.

1945년 축조된 좌안 제방과 1975년 축조된 우안 제방 모두를 다 헐고 다시 해야만 하는 공사였다. 다 합쳐 6.4킬로미터에 이르는 공사였다. 그것도 우기가 닥치기 전인 7~8개월만에 끝내야 했다. 또한 눈으로 보기에 멀쩡한 제방을 왜 뜯어내느냐고 항의도 많았고, 과잉투자라는 지적과 보도도 있었다.

무주 남대천은 여름 장마 때 폭우가 오면 물이 급작스럽게 불어나고 유속이 대단히 강하다. 매년 상습적인 수해지역이다. 수해의 근본적인 원인은 하천이 중증동맥경화증에 걸려 있기 때문이었다. 태초에는 모든 하천이 넓고 여유가 있었다. 그러나 땅에 대한 인간의 욕심이 정치권과 결탁해서 하천을 잠식해 왔다. 역대 정권 때마다 표를 얻으려고 하천 부지를 불하해 주었기 때문이다. 결국 하폭이 좁아져 이제는 시우량 40밀리미터도 견디기 어려운 중증 동맥경화증에 걸렸던 것이다. 여유 있고 넉넉하던 하천의 폭은 줄고 제방의 높이만 높아졌다. 그것이 수해의 악순환을 가져왔다.

남대천 무주읍 구간 우안 측은 민가들이 줄지어 있는데 대부분 하천부지를 잠식하고 있었다. 집터의 일부분을 다시 되찾아 하천에 되돌려 주어야만 했다. 옛 하천 찾기는 치수상의 이점뿐만 아니라 현재 존재하는 하천의 모습을 피해가 난 그대로 자연적 형상으로 유지하면서 멀찌감치 떨어져 현 하천의 바깥 구역에 제방이 이루어질 수 있어 자연형 하천수해복구를 가능하게 한다. 자연의 것은 자연의 품으로 되돌려주어야 한다. 자연의 생태계를 거스르지 않을 때 사람도 살고 자연도 살고 사회도 산다. 이 운동은 주민들의 엄청난 저항에 부덮혀야 했다. 그러나 결국은 주민들을 설득해 주어진 기간 안에 남대천 무주읍 구간 수해복구를 마칠 수 있었다.

다음해 전국을 강타한 루사가 닥쳤다. 무주군이 완전 쑥대밭이 되었다. 다만 1년 전에 복구한 무주읍 읍내구간은 단 한 건의 수해도 발생하지 않았다. 중앙정부에 대한 집요한 설득과 예방행정이 이룬 주민안전이었다.

이명박 시장이 청계천 복원공사를 하면서 원칙과 소신을 가지고 관계 공무원들로 하여금 상가와 노점상과 더불어 살면서 설득하였다고 한다. 서울시는 청계천복원공사를 착공할 당시 주요 이해관계자인 청계천 상인들과의 협상을 통해 이주단지 조성 협상안으로 의견차이를 좁히면서 갈등의 최대고비를 넘어서게 되었다.

청계천복원사업에서 주최측인 서울시와 갈등을 일으킨 당사자는 크게 청계천 지역상인 및 노점상 시민단체 언론을 들 수 있고, 잠재적 갈등 대상자로 시민을 들 수 있다. 청계천복원사업의 경우 사업으로 인한 영향을 서울시민 전체가 받을 수 있기 때문에 주변의 교통이나 공사 중 소음 엄청난 재정규모 등 시민들과의 갈등이 충분히 잠재되어 있었으나 사전 홍보와 적극적인 정보제공으로 시민과의 갈등은 거의 없었다고 볼 수 있다.

무주 또한 마찬가지였다. 2000년 남대천 무주읍 수해복구사업과 2002 태풍루사 수해복구사업의 경우 하천 복원을 둘러싼 옛 하천 주인들의 가옥과 농토를 위한 재산상의 손해를 우려한 이해관계자와 무주군과 크게 갈등을 일으킨 당사자는 무주군의회의, 시민단체, 언론 등이었으며 잠재적 갈등의 당사자로는 군민이 있었다.

예체문화관에서 군민과 지주들을 모아놓고 주민 설명회를 개최하고 옛 하천 되돌려주기 결의대회를 개최했지만 농토를 지키려는 주민들의 강력한 반대를 설득하는 것은 쉬운 일이 아니었다. 저항과 갈등이 있었지만 재산과 생명을 안전하게 지키는 것이 더 중요하여 이 사업을 포기할 수 없으니 도와달라고 이야기했다. 군청 공무원들이 1,500여 명의 토지 소유자를 일일이 만나 대화 끝에 설득했다. 나를 위시한 군청 전 직원이 맨투맨식 설득작업에 들어갔다. 군내 8,400 필지 소유자를 찾아서 군 예산 240억 원을 들여 100퍼센트 전부 사들였다.

몇 개월을 휴일도 없이 아침 저녁으로 현장에 나가 독려하고 설득했다. 수해발생 때부터 토·일요일 없이 정시 출근 두 시간 전인 아침 7시부터 수해복구 관계 대책 회의를 하고, 현장시찰을 다니고 6시 이후에 저녁 대책회의를 하였다. 민원인마다 군, 읍면 직원할 것 없이 일대일로 담당자를 설정하고 진척 상황을 날마다 확인하였다. 부산,

서울까지 다니는 직원도 많았다.

민원이 많고 반대세력의 저항도 많았다. 그러나 수해로부터 주민들을 구하는 길은 항구복구와 옛 하천 되찾기뿐이라는 소신은 변함이 없었다. 표를 잃어도 좋으니 공사를 예정대로 강행하라고 했다. 결국에 무주군은 무사히 수해복구를 마칠 수 있었고, 준공검사는 무주읍구간 남대천 수해복구공사는 태풍루사가, 루사 수해복구는 태풍매기가 하였다. 극히 일부분을 제외하고는 108킬로미터 대부분이 건재하였다.

루사 수해복구도 무주읍 남대천수해복구와 마찬가지였다. 루사 수해복구는 무주군의 양대 하천인 남대천(44킬로미터)과 구량천(8킬로미터)을 비롯하여 13개 하천 108킬로미터에 걸쳐 항구 복구로 이루어졌다. 2000년 수해 때와 마찬가지로 집요한 중앙정부 설득을 통해 13개 하천의 피해구간에 대해서는 개량복구 위주로 진행하였다. 특히 무풍, 설천면 소재를 통과하는 남대천 44킬로미터 전구간과 안성면을 통과하는 구량천에 대해서는 면소지권 전체를 개량복구하여 새로이 축조하였다.

2005년 8월 3일에 내린 집중호우는 시우량 68밀리미터에 강우량이 344밀리미터이상 1시간여 동안 집중적으로 쏟아졌다. 다행히 남대천이 흐르는 무풍면, 설천면 지역과 구량천이 흐르는 안성면 시가지 지역은 경미한 피해만 입었다. 만일 2002년 루사 피해복구 시 단순 복구에 그쳤더라면 이번 2005년 8월 3일에 내린 집중호우는 말 그대로 무주군 전역을 완전 쑥대밭으로 만들었을 것이다.

루사 수해복구로 무주군은 남대천 시내권 수해복구공사에 이어 전국적인 수해복구의 모범이 되어 견학의 발길이 끊이지 않는다. 무주군의 여러 차례 걸친 수해복구는 건설행정에 있어서도 여러 가지 기록을 낳았다. 지방자치단체 토목공사로는 최초로 기획·타당성조사·설계·감리·시공·인도 등을 일괄체제로 동시 수행하는 건설사업 관리제가 도입되었다. 한정된 인력과 다음해 비가 오기 전까지 완공해야 하는 절대공기를 맞추기 위해서는 새로운 건설행정 시스템이 필요했다. 이러한 점을 높이 산 감사원은 루사 수해복구에 대해 우수기관 표창을 관련부처에 건의하기도 하였다.

2002년 태풍 '루사'로 무주군지역에 발생한 피해(농경지 유실 471헥타르, 하천 및 도로 등 공공시설 751개소, 피해금액 1,483억 원)가 6개 읍·면의 219개소에 걸쳐 넓게 퍼져 있고, 이에 대한 복구는 2003년 홍수기 이전에 완료해야 하는 시급성이 있었다.

그래서 2002년 10월 14일 남대천 등 13개 하천(총길이 108.3킬로미터)에 대하여 13건의 설계용역계약을 맺은 후 무주군의 건설기술

인력만으로 위와 같은 대규모 수해복구현장을 동시에 관리하는 데 무리가 따른다고 판단하고 같은 해 11월 15일 위 한국건설관리공사로 하여금 수해복구건설사업 전반(기획, 설계 감리, 계약, 시공감리, 관급자재 구매, 준공검사, 유지관리지침작성 등)에 걸친 관리업무를 수행하도록 하였다. 이와 같이 건설사업관리용역을 지방자치단체의 수해복구사업에 적용한 사례는 무주군이 처음이다.

그리고 위 13건의 설계용역과 2002년 12월 4일 계약을 맺은 28건의 건설공사에 사업기간을 단축할 수 있는 설계·시공병행기법(Fast Track Method)을 적용하여 공사기간을 무리하게 단축하지 않고도 2003년 홍수기 전에 공사를 완공할 수 있도록 만전을 기하였다. 또 설계에 VE(Value Engineering)기법을 적용하도록 하여 교량의 기초 부분에 설치하는 강관말뚝 크기를 최적화하는 등 6개 사항에 대하여 총 12억여 원의 공사비를 절감하였다.

공사의 발주단계에서는 위 건설사업관리 용역업체로부터 입찰 및 계약방법에 대한 자문을 받아 설계용역업체마다 각기 다르게 산출한 설계단가를 통일시키는 등 공사발주 상의 문제점을 사전에 검토하여 해결하였고, 시공단계에서는 지방하천에 관련된 기술자료를 향상시키는 데 이바지하였다. 그리고 단순한 복구가 아닌 항구적인 복구를 하면서도 무주군의 특성을 살린 자연친화적인 생태하천으로 조성하기 위해 공사단계마다 전문가로부터 수시로 자문을 받아 이를 하천 둔치 및 제방을 조성할 때 활용하는 등 건설기술인력 및 행정력이 부족한 무주군에서 대규모 수해복구사업을 효과적으로 시행하고 있다.

따라서 행정자치부 장관은 무주군에서 건설사업관리제도를 도입하여 기술인력 부족을 보완하는 등 수해복구사업을 적극적이고 효과적으로 시행한 데 대하여 이를 널리 알리고, 위 기관에 대하여는 표창 등을 하여 사기를 높여 줄 필요가 있다.

(감사원. 자연재해 대비실태 감사결과. 2003년 4월)

최소의 비용으로 최대의 효과를 얻을 수 있는 것이 재해대책이다. 우리나라 재해대책도 선진 사례를 배워야 한다. 무엇보다 수해 등 재해를 입은 뒤 복구하는 것보다 예방에 주력하는 재해정책으로 국민들이 안심하고 삶을 영위할 수 있도록 하여야 한다. 소 잃고 외양간 고치는 방재행정은 더 이상은 안 된다. 수해가 나야 수해복구예산을 지원하는 사후약방문식 재해대책과 복구사업의 관행은 깨져야 한다. 특히 땜질식에 불과한 오랜 수해복구 관행은 '호미로 막을 것을 가래로 막지 못하는' 악순환 반복의 결정적 요인이 되고 있다는 점을 밝혀둔다.

우리나라 재해대책은 언제나 피해가 생겨야 예산 집행을 한다. 현재 재해대책관련 예산은 예비비로 편성되어 있고 사전예방에 대한 정책은 입안되어도 실제 투자 가능한 예산은 한정되어 있다. 이러한 예산마저도 예산절감이 논의될 때 가장 우선적으로 축소되어 예방대책에 대한 투자와 정책실현을 위한 공학적, 제도적 기초연구 등이 매우 미흡할 수밖에 없는 구조적 모순을 내포하고 있다. 국비 70퍼센트 지방비 30퍼센트의 수해복구비 지원 대책도 개선되어져야 한다. 재원이 넉넉한 자치단체와 그렇지 못한 자치단체를 천편일률적으로 똑같이 적용하지 말고 재정이 열악한 곳은 전액 국비로 하여야 한다.

홍수와 재해대책의 문제점을 한 언론사 보도를 통해서 살펴보기로 하자.

태풍이나 홍수로 범람한 하천 복구사업이 정부의 나눠 주기식 예산배분 탓에 피해 재발을 원천적으로 방지하는 항구복구(개량복구)가 이뤄지지 않고 땜질식 응급복구나 원상복구에 머물고 있다.

정부의 복구예산 쪼개기는 정치권의 선심성 예산 청탁, 예산을 타내기 위한 시군수의 로비 등이 얽혀서 나타나는 현상으로, 시급히 항구복구가 필요한 곳에 예산이 집중되지 않는 부작용을 빚고 있다. 또 원상복구에 그친 하천은 재해가 날 때마다 무너지는 악순환으로 이어지면서 장기적으로는 복구비가 증가하는 모순이 나타나고 있다.

응급복구나 원상복구에 그치는 현행 복구방식은 시군구 등 기초
자치단체가 지방 토호들인 건설업자들에게 쉽게 사업 발주를 해주고
사례금을 받는 등 부패와도 깊은 관련이 있는 것으로 지적되고 있
다.(중략)

지난해 소하천 정비사업 예산은 약 1,400억 원으로 웬만한 지방도
로 한 곳에 투자되는 금액보다도 적은 것이 현실이다. 행자부 관계자
는 "이제는 도로 확충사업보다는 하천개량에 신경을 써야 하는데 그
예산은 도로사업의 10퍼센트에도 못 미친다."고 아쉬워했다.

예산부족 문제도 있지만, 하천정비 및 복구비를 지원하는 현행 양
여금 관련법도 항구복구를 하기가 어렵도록 돼 있다. 사회 기반시설
인 하천 및 도로사업 등 구체적 항목을 정해 자치단체에 지원하는 양
여금은 특정지역에 집중해서 지원할 수 없고 모든 자치단체에 사실
상 '균등'하게 지원하도록 규정하고 있다. 따라서 시급히 항구복구
가 필요한 자치단체에 예산을 집중할 수 없는 구조적 문제점이 있다.

이와 함께 복구 체계의 전면적인 개혁도 필요한 것으로 지적되고
있다. 재해 전문가들은 철저한 수해 원인조사를 통해 항구복구가 필
요한 하천의 우선순위를 정해야 한다고 지적하고 있다.(중략)

항구복구의 성공적인 사례로는 전북 무주군 무주읍 남대천 제방
을 꼽는다. 태풍 루사로 평균 500밀리미터가 넘는 폭우가 쏟아졌으

나, 남대천 제방에서는 이번에 단 한 건의 유실사고도 발생하지 않았다. 남대천변은 2000년 8월에 크게 수해를 입어 그해 12월 무주 읍내를 거치는 길이 3.2킬로미터(양안 6.4킬로미터), 폭 12미터 규모의 제방을 120억 원 투자로 착공해 지난해 8월 중순 완공했다. 공사는 광산에서 나오는 석재를 재활용해 0.5~0.7세제곱미터 이상 되는 돌을 사용해 견고한 안전성을 갖추며 우기와 건기를 맞춰 6개 공구로 나눠 네덜란드식 공법으로 장기계획 하에 진행됐다. 공사가 시작되자 주민들은 전시행정이나 부정 의혹을 제기하기도 했으나 이번 태풍을 겪은 뒤 '남대천의 기적'이라는 평가를 내렸다.

이번 태풍으로 무주군은 사망 7명 등 인명피해와 1,750여억 원의 재산피해를 냈지만 읍내보다는 상류인 무풍면과 설천면이 상대적으로 피해가 컸다. 남대천의 항구복구가 수해위험이 더 컸던 하류지역 무주읍을 살린 것이다.

(《한겨레》, 2002년 9월 6일자)

복지국가일수록 재해로부터 안전에 대한 시민 욕구가 증가하며 방재정책은 이러한 기조위에 이루어 져야 한다. 그러나 재해는 항상 일어나는 것이 아니며, 사고가 발생하면 방재정책의 역할 증대를 논하다가 시간이 지나면 쉽게 잊어버린다. 특히 예방방재는 장기적인 계획 하에 체계적으로 이루어 져야 하는데, 예방방재의 성과를 가시적으로 제시하기가 어려워 1억 원을 투자하여 10억 원의 피해를 예방했더라도 같은 돈을 투자하여 1,000만 원의 이익을 남긴 일반 사업보다도 예산담당자를 설득하기가 어려운 것이 현실이다. 최근 홍수피해를 거울삼아 피해를 사전에 예방할 수 있는 예방정책의 활성화를 적극 추진하여야 할 때이다.

재해가 발생한 후 이를 복구하기 위해서는 많은 예산이 필요하다. 우리 속담에 '호미로 막을 것을 가래로 막는다.'는 말이 있다. 그만큼 사전 예방이 중요하다는 것을 말한다. 물론 자연재해의 경우 인간의 힘으로는 역부족인 경우가 있는 것은 사실이다. 그렇지만 이들 재해를 완전히 사라지게 할 수는 없다 하더라도 사전에 적절히 예방만 한다면 그 피해는 아마 최소화할 것이다. 적어도 시우량 100밀리미터 앞에서도 끄떡하지 않고 견딜 수 있는 튼실하고 항구적인 개량 복구 사업으로 재해정책의 패러다임을 전환하지 않으면 안 된다.

6

지방자치는
열정으로 해야 한다

강력한 추진력은 혼신의 열정에서 나온다
오직 성공을 위하여 열정을 쏟아 부어라
도전하지 않았으면 성공도 없었다
걸어서 춘천까지 천리길 도보행진
우물안 개구리는 바다를 이야기할 수 없다

강력한 추진력은
혼신의 열정에서 나온다

만약 누군가가 "이 세상에 가장 행복한 사람은 누구인가?"라고 묻는다면 나는 일을 통해 기쁨을 느끼는 사람, 자신을 뜨겁게 할 인생의 목표와 꿈이 있는 사람이라고 대답할 것이다. 사회의 일원인 우리들은 누구나가 일을 통해 삶의 계획을 설계하고, 일을 통해 타인과 연결되어 있다.

흔히들 미래는 준비하는 자의 몫이요, 역사는 창조하는 자의 몫이라고 한다. 무엇보다 인간은 도전하고 개척하는 존재다.

폭염과 장대비를 뚫고 무주에서 춘천까지 천리 길을 걸을 수 있었던 것은 '두메산골, 산간오지의 희망을 빼앗기지 않겠다.'는 주민들과의 약속을 지키기 위해서였다. 무주군수로서 세계태권도공원과 관광레저형 기업도시를 유치할 수 있었던 것은 무주를 낙후의 늪에서 구해야겠다는 오랜 염원이 만들어 낸 산물이다. 무주를 낙후에서 벗어나게 해야 한다는 목표와 끈질긴 준비 끝에 세계태권도공원과 기업도시 유치라는 기회가 있어서 그 결과를 도출하게 된 것이다. 준비와 기회가 만나면 성공이라는 결실을 만들어 낼 수 있다.

군민의 한을 알고 있는 공무원과 2~3배 더 노력하는 리더의 솔선수범하는 모습에서 군민의 동참과 격려가 나오는 것이다. 무슨 일이든 철저한 준비와 기회가 만나면 성공할 수 있다. 나는 1퍼센트의 가능성만 있어도 99퍼센트의 도전적 열정이 성공을 이끌어 낸다는 확신을 가지고 있다. 준비하지 않으면 기회가 와도 잡을 수 없고 미래를 준비하고 있으면 그 기회를 성공으로 이끌어낼 수 있다.

그리고 모든 일의 성패는 열정에서 판가름 난다. 열정 속에서 창조적 아이디어도 나오고 도전적 에너지가 샘솟는다. 업무의 품질도 기업의 상품처럼 열정에서 달라진다. 열정이 부족하면 행정의 품질도 '처삼촌 묘 벌초하듯' 불량품이 속출할 것이다. 무엇보다 자신의 업무를 철저하게 사랑할 때 열정적 에너지는 증폭된다. 반드시 성공할 수 있다고 하는 자심감과 확신을 갖는 것이 열쇠다.

그동안 나는 어떻게 하면 군민의 삶의 질을 높일 수 있을까, 지역에 활력과 희망을 갖게 할 수 있을까를 고민해 왔다. 지역에 대한 열정과 사랑, 그리고 창조적인 고민을 끊임없이 하는 과정에서 해야 할 일이 쏟아져 나왔다. 열정과 도전이 있다면 나는 할 수 있고 반드시 하고 만다는 강한 확신과 자신감이 생긴다. 그리고 그 일은 반드시 성공한다.

열정은 내 것과 남의 것의 차이이기도 하다. 사람들은 대부분 내 것에 대해서는 무조건적으로 열정을 가지고, 남의 것에 대해서는 무관심한 태도를 가지는 경향이 있다. 내 것과 남의 일이라는 생각의 차이는 결국 주인정신을 가지고 있느냐에 달려 있다. 주인정신을 가질 때는 자기 것에 대한 열정과 애착을 가지고, 일에 대한 사랑과 비용 절감 등 경제적인 효용성과 효율에 대해서도 관심을 가지게 된다.

열정을 가진 사람, 창조적인 고민을 하는 사람은 공무원이든, 기업인이든, 개인 사업자이든 어디를 가서도 성공할 수 있다. 다시 말하면 누구나 성공할 수 있는 조건은 가지고 있다. 몸과 마음이 있고 정신이 있다. 그것을 어떤 각오로 임하느냐에 달려 있다. 성공하고 출세하고 싶으면 열정을 가져라. 공무원이건 직장생활이나 개인 사업을 하건 간에 열정적인 도전정신이 성패의 열쇠가 된다.

강력하게 염원하면 반드시 이루어진다는 확신을 가져라. 부자가 되거나 출세를 하고 싶고 성공을 원하면, 강력히 염원하고 자신의 맡은 일에 열정을 다하라고 이야기한다. 그것이 나의 철학이요 지론이다.

나는 취임사에서 창조적인 고민을 많이 하는 공무원이 되라고 했다. 어떻게 하면 무주를 살기 좋은 고장으로 만들 것인가, 어떻게 하면 군민을 잘살게 할 것인가를, 각자 맡고 있는 업무 영역 속에서 고민하라고 했다. 그래서 군정 지표를 '일류를 추구하는 무주, 최고를 도전하는 행정'으로 정했다. 최고, 최선, 최상을 지향하는 군정이 우리가 추구하는 목표이다.

열정은 공을 만들어가는 열쇠가 된다. 열정 속에는 도전, 집념, 의지, 인내가 들어 있다. 실패한 사람과 성공한 사람은 다르다. 내가 무에서 유를 창조할 수 있었던 것은 열정적인 도전정신 때문이다. 그 열정이 지금의 나를 만들었으며, 무주를 세계 속의 도시 '월드 시티 무주'로 웅비하는 계기를 만들었다.

11년간 군정을 이끌면서 얻은 가장 큰 성과는 군민이 '우리도 할 수 있다.'는 자신감을 갖게 된 것이다. 북쪽으로는 삼수갑산, 남으로는 산간오지 무주라는 말이 무주군민이 안고 살아온 한을 잘 대변한다. 그러나 반딧불축제, 태권도공원, 기업도시 유치 등을 통해 수십 년간 안고 살아온 한을 무주군민은 풀었다.

나는 군청 공무원들에게 주인정신을 가지기 위해서는 일에 대한 열정이 있어야 한다는 점을 강조한다. 자기 업무에 대한 열정이 있을 때 창조적인 아이디어가 나오고, 업무 추진에 장애물을 극복하고, 일 처리에 대한 전략과 전술이 나오기 때문이다.

주인정신이 있을 때 열정을 가질 수 있으며, 열정이 없는 사람은 일 처리에 소극적이고, 미온적일 수밖에 없다. 열정이 있는 사람은 긍정적, 적극적이고 도전적이며, 장애물을 극복할 수 있는 의지를 가지며 업무처리 과정에서 생기는갈등을 해소할 줄 안다. 이와 반대로 열정이 없는 사람에게는 일의 능률과 작업의 효율은 물론, 작업의 품질을 기대할 수 없다. 성공한 사람과 실패한 사람은 열정의 차이에서도 나타난다.

공직자가 평범한 직장인의 사고에 머물러서는 군민의 감동을 얻지 못한다. 이러한 군정운영 방침은 때로는 가혹하다는 평을 받기도 했다. 기회가 있을 때마다 '남들보다 10년 이상 뒤처진 지역을 바꾸겠다는 사람들이 똑같이 일해서는 얻을 수 있는 것이 없다.'고 강조해 왔다.

400명이 채 안 되는 무주군청 공무원이지만 전국 어느 지방자치단체와 견주어도 결코 뒤지지 않는 능력과 열정을 갖고 있었다. 그래서 실제 국책사업 유치과정에서 짜임새 있는 준비와 함께 열정적인 모습으로 관계자들을 놀라게 했으며, 세계태권도공원, 기업도시 등 양대 국책사업을 성공적으로 유치했다. 그러나 이것은 시작에 불과하다. 우리 스스로 세계적인 관광도시라는 목표를 세운 이상 아직 갈 길이 멀다고 무주군 공무원은 생각하며 오늘도 뛰고 있다.

오직 성공을 위하여
열정을 쏟아 부어라

　　　　　　　　무주군수 생활 11년에 기억나는 일 중에 하나를 꼽으라고 한다면 아마 세계태권도공원 유치를 꼽을 것이다. 낙후의 한을 풀어야겠다는 지역주민의 염원을 실천한 사업이라는 것이 매우 의미가 크다. 다른 지방자치단체들과의 치열한 경쟁, 거기에 수많은 난관을 일일이 극복해 오는 과정에서 힘이 되어 준 지역주민과 무주군 공무원들의 열성이 지금도 생생하다.

　2004년 12월 30일 역사적인 태권도공원 무주유치가 확정되었다. 2013년까지 104만 평 부지에 약 1조 2,000억 원을 들여 태권도 문화마을, 명예의 전당, 태권도 사관학교 등 태권도 테마파크를 조성하게 된다.

공원 부지가 될 설천면 백운산에 올라 보면 눈앞에 산이 겹겹이 포개지는 한 폭의 동양화가 펼쳐진다. 100만 평 공원 부지는 산 사면에 자리하고 있으면서도 경사가 평균 15도로 평탄하다.

설천이라는 지명은 구천동에 주둔한 9,000여 명의 무사들이 밥을 짓기 위해서 쌀을 씻은 쌀뜨물이 하얀 눈처럼 흘러내렸다 하여 붙은 이름이다. 구천동의 원래 이름은 '구천둔(九千屯)'으로, 삼한시대부터 9,000여 명의 무사들이 무예를 연마하기 위해 주둔했다는 뜻이 담겨 있다. 역사나 풍수지리로 보아도 현 태권도 성전 부지는 손색이 없다.

한류의 원조인 태권도를 통해서 무주의 전통의 멋과 맛, 스포츠와 레저가 서로 조화한 네트워크를 구축해 진정한 성지로 다시 태어나게 하는 꿈에 부풀어 있다. 무주의 수려한 자연경관과 지구촌 179개국 7,000만 명의 꿈의 성지가 될 태권도공원이 엄청난 성장 동력을 주게 될 것이다.

전북대학교 지방자치연구소의 분석 자료에 의하면 태권도공원 조성사업 중 민간투자 부문을 제외하고 2005년부터 2013년까지의 총 생산유발액은 2조 1,138억 원, 총 부가가치 유발액은 9,748억 원, 총 고용유발은 4만 6,402명으로 추정하면서 지역경제를 활성화시킬 것으로 분석하고 있다. 태권도공원이 조성돼 국기 태권도 총 본산으로서 위용을 드러내면 연간 250만 명에 가까운 지구촌 태권도인들이 태권도공원을 찾을 것으로 전망하고 파급되는 경제효과는 연간 3조 원에 가까울 것으로 예상한다.

무주군 예산이 일 년에 1,500억 원 수준인데 비하면 괄목할 만한 성장이 눈앞에 보인다.

2000년 4월경 문화관광부에서 태권도공원 기본계획을 확정하고 발표했다. 세계태권도공원 조성사업비로 1조 2,000억 원을 책정하였다. 전 세계 태권도인들이 찾게 될 성지라는 말에 모든 조건에서 열악한 지방자치단체가 나서서 유치경쟁이 치열해질 것은 너무도 당연했다. 태권도공원은 우리나라의 대표 브랜드인 태권도를 활용한 관광자원이 될 것이라는 점에서 전국 27개 지방자치단체가 이 사업 유치 경쟁에 뛰어들었다. 전라북도에서도 우리 무주군을 비롯해 진안군, 익산시, 완주군 등 4개의 시군이 태권도공원 유치신청을 냈다.

나는 전북에서 4개 시군이 유치활동에 나설 경우 유치 경쟁력이 없다고 판단했다. 고심에 고심을 거듭하다 특단의 결정을 내렸다. 실무담당 책임자인 문화관광과장에게 후보지 결정의 심사기준 등 조건을 강화하라고 지시하고, 홍보 담당자에게 기자회견 준비를 하라고 했다. 그리고는 2000년 8월 15일 도내 언론사 기자들을 전주 리베라 호텔로 초청해 기자 간담회를 개최하고 파격적인 제안을 내놓았다.

태권도공원 유치 경쟁력 제고를 위해 전북 후보지를 단일화를 하자는 제안이었다. 이 제안은 언론은 물론 도민 모두에게 신선한 충격으로 받아들여졌다.

이튿날 유종근 전북도지사는 나를 비롯한 진안, 익산, 완주의 자치단체장을 초청해 간담회를 열었다. 4개 지방자치단체가 전북도에서 선정한 각계의 심사위원단의 실사를 받고 여기에서 결정한 사항으로 전북의 태권도공원 후보지를 단일화하고 승복하기로 합의했다. 문화관광부의 실사보다 사실상 더 힘든 작업들이 진행됐다. 군수실에 야전침대를 설치하고 현장과 평가서 준비에 철저하게 마련하도록 지시를 내렸다. 실사평가위원들의 도착에서부터 홍보영상, 이벤트, 실사평가서 어느 것 하나 소홀히 하지 않았다.

9월 22일 전북 태권도공원 단일화 심사위원회로부터 실사를 받고, 이튿날인 9월 23일 전북 태권도공원 후보지는 무주가 최적지라는 평가결과보고와 함께 후보지를 무주로 단일화하는 데 성공했다. 태권도공원 후보지로 전북의 단일화는 전국에서 최초로 광역별 단일화를 이끌어 낸 획기적인 사건이었다.

주민들의 한 목소리를 내기 위해 지역 유치 분위기를 조성하면서 모든 후보지 여건을 하나하나씩 성숙시켜 나갔다. 그러나 문화관광부에서 추진했던 태권도공원 후보지 선정 문제는 대선 이후 결정이라는 항간의 소문대로 무기한 연기라는 청천벽력과 같은 난제에 부딪혔다.

그러나 나는 태권도공원 조성사업은 국가적으로 포기할 수 없는 사업이라고 판단했다. 간부들과 숙의하는 과정에서 '태권도공원은 언젠가는 다시 추진될 사업'이라며 독려와 격려를 아끼지 않았다. 후보지 선정이 연기된 것은 오히려 우리 군에 있어서는 기회가 될 수 있다고 간부들과 직원들에게 설득하며, 내부적으로 모든 조건을 갖추어 나가자고 당부했다. 이 기간 중 후보지내 산림청 소유의 국유지 교환 문제의 해결과 사유토지의 매입 등 제반 조건들을 하나하나씩 성숙시켜 나갔다.

결국 태권도공원 조성사업은 내가 예상했던 대로 2004년 7월 문화관광부에서 기본계획을 당초의 안보다 축소한 안으로 용역을 마치고 재추진을 공식적으로 시사했다. 4년여 동안 내실 있게 준비한 우리 군으로서는 오히려 유보의 시간이 약이 됐다. 보완에 보완을 거듭한 태권도공원 유치사업이 제 빛을 발하기 시작했다.

진천에서 열린 전국체전에 참관 차 왔던 아테네 올림픽 태권도 금메달리스트 문대성 선수와 접촉해 홍보모델로 계약하고 무주태권도공원 홍보대사로 영입했다. 나의 거침없는 솔직 담백함으로 불과 만난 지 1주일만에 문 선수와 계약에 성공했다. 문선수를 활용한 CF를 제작했고 이를 홍보물과 광고에 접목해 지하철과 KTX, 전광판 홍보를 실시하고, 이러한 무주유치 당위성 홍보는 전국적인 이목을 집중시켰으며, 직·간접적으로 대국민에게 깊이 인식시키는 계기가 됐다.

12월 14일 문화관광부 태권도공원조성추진위원회(위원장 이대순)는 보도자료를 통해 공원 부지 선정을 위해 그동안 자치단체에서 추천한 17개 후보지역을 대상으로 1단계 심사평가를 실시한 결과, 2단계 심사평가 대상지로 강원도 춘천시, 전북 무주군, 경북 경주시 등 3개 지역을 태권도공원 후보지로 압축했다고 발표했다.

특히 교통여건이나 수도권과의 접근성 등 지리적 이점을 내세우고 김유신 장군이 탄생한 '화랑의 고장'이라는 이미지를 홍보하며 태권도공원 유치에 적극 나섰던 진천군은 충격에 휩싸인 분위기였다.

김진선 강원도 지사는 12월 14일 기자회견을 자청하여 춘천시가 최종후보지로 선정되도록 도민들의 역량을 결집하고 이에 대한 관심을 확대시키기 위해 '범도민 유치지원위원회'를 구성하고 부지내에 포함된 사유지 매입과 기반시설 확보를 위해 재정지원계획을 수립하겠다고 밝혔다. 그리고 행정부지사를 단장으로 하는 태권도공원 유치행정지원단을 구성해 이를 총지휘토록 하겠으며, 부지매입과 관련해 총 소요액의 50퍼센트(150억 원 수준)를 특별 지원하겠다고 밝혔다. 강원도 입장에서는 춘천시를 위한 거도적 차원에서의 지원이 시작되었다.

그러나 전북의 경우는 강 건너 불구경하듯, 소 닭 보듯 하여 무주 군민만의 힘으로 해결해야 할 입장이었다.

나는 결단을 내렸다. 여건과 조건이 안 닿는 것은 솔직하게 시인하고 심사평가 자료라도 경주와 춘천을 압도하게 만들어 무주의 실상을 감동적으로 알리는 등 심사위원의 감성에 호소하자고 결정을 내렸다. 실사를 며칠 앞두고 평가보고서 작성에 대한 최종 보고를 받았다. 이 보고서 하나가 무주의 100년을 보장한다는 생각을 했을 때 단순한 보고서로 보이지 않았다. 밤샘작업을 직원들과 함께 밥 먹듯 하며 손질과 수정을 거듭한 끝에 최종평가보고서를 문화관광부에 제출하고 깊은 잠에 빠졌다.

유치과정 준비 중 가장 기억에 남는 일은 지난 12월 22일 국립중앙박물관에서 추진 위원들에게 직접 프리젠테이션을 했던 일이다. 심사위원인 추진위원들을 어떻게 하면 설득할 것인가를 고민한 끝에 나의 진솔한 마음을 담아서 감동을 주자는 생각을 갖게 되었다. 나는 무주유치의 당위성을 경주와 춘천 경우처럼 성우들의 음성을 담은

PT녹음이 아닌 육성으로 직접 설명할 것을 결정했다.

그동안 몇 번 선거를 치러 봤지만 선거 때보다도 더 긴장을 해 청심환을 2개나 먹었다. 만약 태권도공원 유치에 실패 하면 전 무주군민들의 한결같은 희망을 앗아가 버리는 것이라 그 중압감이 말로 표현할 수 없을 정도였다. 나는 프리젠테이션을 하는 도중에 마침내 심사위원들 앞에서 북받치는 눈물을 터뜨리고 말았다.

"태권도공원 최종 선정에 대한 모든 권한은 추진위원 여러분들에게 맡겨져 있습니다. 만약 태권도공원이 다른 곳으로 결정된다면, 이는 아흔아홉 섬을 가진 자에게 한 섬을 더해 주는 선택이 될 뿐일 것입니다. 소외와 낙후의 질곡에서 몸부림치는 무주에 희망의 한 섬을 선택해 줄 것이냐는 것은 추진위원님들의 판단에 맡겨져 있습니다. 부디 태권도공원 무주유치라는 결정으로 구세주 같은 희망의 한 섬을 선택해 주십시오.

우리 무주군민들은 10여 년 동안 학수고대하던 동계올림픽의 꿈이 좌절되고야 말았습니다. 지난주 FIS로부터 최종 실사를 보고를 받고 우리 군민들은 실의와 좌절과 절망의 늪에 빠져들고 있습니다. 우리 무주군민들을 일으켜 세워주십시오. 우리 무주군민들에게 희망을 주십시오."

나도 모르게 눈물이 쏟아졌다. 낙후의 한을 풀어야 한다는 절박감이 군수의 체면보다 더 중요한 것임을 절감하는 순간이었다. 우리 군청 직원들의 눈가에도 눈물이 맺혔다. 장내 분위기는 숙연해졌다. 이런 절박감과 감동이 우리 무주를 선택하게 한 원인으로 작용했다.

무주군은 1차 평가에서 744.5점을 얻어 746점을 얻은 경주에 1.5점 뒤졌으나 2차 평가에서는 87.03점으로 77.87점에 그친 경주를 압도했다. 무주군의 총 점수는 1천점 만점에 831.53점으로 823.87점을 얻은 경주와 7.66점 차이가 났고, 강원도 춘천은 809점으로 선두와 큰 차이를 보였다.

지구촌 태권도의 중심기능을 수행하게 될 '세계태권도공원'과 상호보완적 역할을 담당하게 될 '관광레저형 기업도시' 조성이라는 두 개의 국책사업을 통해 세계 속의 무주, '월드시티 무주(World City MUJU) 건설'이 가시화되고 있다.

태권도공원과 기업도시는 조성지인 무주에 국한하지 않고 범도민적, 범국가적 프로젝트와 연관짓는 종합적인 마스터플랜이 있을 때 성공할 수 있는 것이다. 대한민국 관광산업의 진흥이라는 범국가적 프로젝트인 점과 전라북도 발전이라는 차원의 인식 등 그 파급효과를 세계적인 명소로 비전에 담아내야 한다.

무엇보다 무주의 모든 발전 전략과 프로젝트들은 세계 시민의 기준을 충족시킬 수 있도록 해야 한다는 것이다. 두 개의 사업은 이제 무주만의 것이 아닌 세계 시민의 것이라는 인식을 가져야 한다. 세계 시민으로서 성숙된 시민의식 고양과 글로벌 네트워크 기반구축 등 구체적이고 다각적인 방법과 방향을 고민해야 할 때가 왔다.

도전하지 않았으면
성공도 없었다

2005년의 화두는 기업도시였다. 참여정부 차원에서는 지역균형개발을 위한 방안으로 행정수도 건설, 기업도시와 지역혁신도시를 들고 나왔으나, 행정수도문제는 헌법재판소의 위헌 판결로 무산되고, 정부와 국민의 이목은 기업도시와 지역혁신도시에 많이 집중되었다.

지역혁신도시는 중앙정부기관의 지방 이전을 통한 나눠주기식 배분의 모습을 띠고 있다. 그래서 기초자치단체장의 능력과 주민의 열의와 관심보다는 중앙정부의 의지가 강해 기초자치단체로서는 어떠한 적극적인 행동도 취할 수 없다.

전북의 전주시와 같은 혁신도시는 기업도시 유치와 달리 중앙정부가 수도권이나 대도시에 밀집되어 있던 중앙기관을 지방으로 이전시키는 것을 말한다. 만약 지방자치단체장이 기업도시를 유치하느냐 혁신도시를 유치하느냐는 두 가지 입장에서 본다면, 자치단체장의 능력과 비전은 중앙에서 지역별로 안배 차원에서 나누어 주는 혁신도시보다 다른 지역과의 경쟁에서 이겨서 기업도시를 유치하는 것이 더 의미 있는 일일 것이다. 그것은 그 지역이 가지고 있는 입지조건과 기업도시의 파트너인 기업을 설득하고 미래 비전을 공유하는 철학이 있을 때 가능한 일이기 때문이다.

무주군수인 나의 입장에서는 기업도시 유치가 대안이었다. 재정자립도가 낮은 지방자치 행정, 경쟁력이 부족한 농업과 노인 인구의 증가로 인한 노동 생산성의 하락을 겪고 있는 무주의 입장에서는 지역경제를 살릴 수 있는 방안을 마련하지 않으면 안 되는 절대 절명의 위기에 직면해 있었다.

기업도시 유치의 첫 번째의 어려움은 2004년 말에 유치한 세계 태권도공원 유치에 따른 부담이었다. 무주는 경북 경주와 막판까지 승부를 예측할 수 없는 치열한 경합 끝에 태권도공원을 유치한 터여서 참여정부가 내세우는 '지역안배 정책'의 희생양이 될 공산이 컸다.

특히 관광레저형 기업도시의 경우 다른 유형과 달리 가장 많은 5

개 지역이 신청서를 제출했고, 전남 영광·해남 지구는 이른바 'J프로젝트'인 서남권 관광개발 지구로 사업 신청 이전부터 참여정부로부터 '우선적 배려'를 약속 받았기 때문이다. 무엇보다 대형 국책사업을 하나도 아니고 두 개를 가져갈 수 있느냐는 단순논리가 지배적이었다. 이러한 이유를 들어 경쟁도시에서부터 불리한 여론이 형성되기 시작했다. 문화관광부는 물론 무주군 내부에서도 불가능한 일, 무모한 도전이라며 기업 도시 유치가 어렵지 않겠느냐는 부정적인 의견이 더 문제였다.

그동안 월례조회나 주간 업무 보고 등 기회 있을 때마다 제기했던 패배주의와 소극적인 업무 태도에 대한 문제점이 드러나기 시작했다. 외부의 적이 아니라 우리 내부에서 일어나고 있는 패배주의적인 사고를 먼저 불식시키는 것이 내가 할 일이었다. 무주군청 직원을 설득시키는 것도 중요하지만, 해당 부처인 문화관광부를 설득시킬 논리를 만드는 것이 최우선적인 과제였다.

"우리는 언제나 안 되는 것, 없는 것, 부족한 것 뿐이라는 피해의식과 패배주의에 사로잡혀 있다. 그러나 '있지만 활용되고 있지 않은 것'에 주목하는 사고의 혁신과 발상의 전환이 필요하다."고 시책 발굴 보고회의 시 언급한 기억이 생각났다.

나는 착상이 잘 떠오르지 않거나 중요한 결단을 내려야 할 때에는 자주 산에 오른다. 고민 끝에 산을 오르기로 했다. 덕유산 정상에 서는 순간, 불현듯 우리나라 속담 한 구절이 생각났다. "바늘 가는 데 실 간다." 그것이었다. 세계태권도공원 건립과 관광레저형 기업도시는 별개가 아니고 함께 가야 할 상호보완적인 시너지 효과를 거두며, 관광도시 무주의 이미지를 고양시키는 등 상생의 효과를 함께 가져올 수 있다는 생각이 순간적으로 펼쳐졌다.

2004년 9월부터 무주의 기업도시 유치작업이 시작되었다. 세계태권도공원과 기업도시 유치작업이 동시에 진행되었다. 당시 상황은 태권도공원 유치가 전국의 지자체들과 경합을 벌이고 있었고 태권도공원 실사 등 평가가 코앞에 닥쳐 있던 때였다. 사실 당시의 상황을 볼 때 두 가지 사업, 즉 태권도공원과 기업도시 유치를 동시에 추진한다는 것은 무리였다. 그러나 약간의 무리수를 두더라도 두 가지 사업이 함께 가져올 시너지 효과를 생각한다면 둘 다 놓칠 수 없는 일이었다.

나는 태권도공원 현장에서 간부회의를 소집하고 안성지구에 기업도시 유치를 위한 제반절차를 갖춰줄 것을 지시하는 등 동시에 두 가지 업무를 진행해 나갔다. 2005년 1월 태권도공원의 향후 조성계획을 챙기면서도 '무주안성지구 기업도시 유치 개발프로젝트'에 관한 책자를 발간하였다. 우림개발 등 78개 기업체를 대상으로 홍보책자를 발송하고 기업체를 방문하며 직접 설명회를 가졌다.

2005년 2월 21일 기업도시 참여기업을 선정하기 위해 한국관광공사 담당자와 우림개발 대표이사를 무주로 초청하여 현장설명회를 개최했다. 그런데 뜻밖의 상황이 발생했다. 무엇보다 관광공사와 우림개발의 참여 등 순탄하게만 진행될 줄 알았던 기업도시 추진에 차질을 빚기 시작했다. 파트너 기업으로 적극적인 참여의사를 보였던 우림개발이 3월 15일 무주 기업도시 참여 포기의사를 전해왔고 관광공사는 정부의 적극적인 권유로 전남 J프로젝트로 이미 마음이 쏠려 있기 때문이었다.

그러나 나는 여기에 좌절하지 않고 3월 28일 대한전선 본사를 방문해 기업도시에 참여해 줄 것을 제안하였다. 대한전선 측에서는 긍정적인 답변을 보내왔다. 춘설이 하얗게 내린 안성 단지봉 정상에 MQ텐트까지 설치하고 직접 대한전선 임종욱 사장 등 관계자에게 눈보라 속에서 현장설명을 실시하기도 했다. 기업도시 시범사업 제안서 제출기한인 4월 15일이 며칠 남지 않았던 4월 2일과 4일에 무주군과 대한전선과의 1, 2차에 걸친 실무협의, 4월 5일 기업도시 유치 결의, 이후 4월 6일 안성주민자치센터에서 기업도시에 편입되는 지역 주민 300여 명이 참석한 가운데 주민공청회를 개최하는 등 기업도시 유치 작업에 박차를 가하기 시작했다.

그때 마침 4월 10일 세계태권도연맹(WTF)총회에서 정식 의제로 채택된 무주태권도공원 홍보를 위해 총회 개최지인 스페인 마드리드 해외 출장계획이 잡혀 있었다. 인천공항에서 출발하기 직전에 작성된 제안서를 재작성하여 대한전선과의 협약체결 등 유치신청과 관련한 세부적인 사항까지 실무진에 지시하고 스페인 마드리드로 향했다. 그렇게 열심히 한 결과 아슬아슬하게도 제안서 제출 당일인 4월 15일 대한전선과 무주 기업도시 유치를 위한 개발 기본 협약을 체결하고 문화관광부에 제안서를 제출할 수 있었다.

무주 기업도시 유치는 무주군민의 열화와 같은 지지와 참여, 그리고 5도 5시군 지방자치단체의 무주 기업도시 유치 공동선언문 채택 결의 등 주변지자체들의 협조가 많은 보탬이 되었다. 무엇보다 안성 주민의 경우 98.2퍼센트가 토지이용 승낙서에 동의하는 등 협조를 아끼지 않았다. 무주군은 유치신청 이후 한국토지공사를 방문해 참여 방안을 협의하고 무주군과 대한전선, 한국토지공사 3자가 토지보상 등에 관한 업무위탁 기본합의서를 체결하는 등 다양한 홍보활동과 함께 후보지 여건을 성숙시키는 작업에 돌입했다. 1점이라도 더 확보하기 위해 평가항목 중 하나인 사업실현성과 안정적인 지가관리를 위해 전 직원의 일제 출장을 실시해 98.2퍼센트라는 전폭적인 토지이용 승낙서를 걷어들임과 동시에 후보지 일대를 토지거래 허가지역으로 지정받는 등 구체적인 작업에 들어갔다.

그리고 5개 공동평가 항목과 3개 유형별 평가 항목에 철저하게 부합하는 만점전략으로 나갔다. 국가균형발전기여도, 지속가능한 발전 부합성, 지역특성 및 여건, 실현가능성, 지가관리, 친환경개발계획, 우량기업의 파트너 선정 등에 치밀하게 대응했다.

무주가 5도 5시·군 접경이라는 지리적 특성을 살려 인접 경남 거창군, 경북 김천시, 충남 금산군, 충북 영동군 등에도 관광벨트 협약을 제안하여 성사시켰다. 5도 5시·군 시장군수협의회는 무주군 설천면 소천리 일대에 조성되고 있는 태권도공원과 중부권 관광레저의 거점적 역할을 수행하게 될 관광레저형 기업도시 유치와 관련해 파생되는 부가가치 등 개발이익을 주변지역과 함께 극대화시키기 위해 무주 기업도시 유치 공동선언문 채택과 관광벨트 협의체 구성을 결의했다. 이것은 우리 지방자치사에 있어 시·도를 달리하는 광역체계 구축을 했다는 선례를 남겼다는 호평과 더불어 평가위원들에게 무주에 대한 좋은 인상을 심어 주었다.

관광레저형 기업도시 개발에 있어 주민의 98.2퍼센트의 주민 승낙서와는 달리, 골프장 건설 부분을 가지고 반대의 목소리가 들려 왔다. 하지만 환경문제를 들고 나오면서 전체의 의미를 침소봉대하기에 바빴다. 환경에 대한 문제는 군수인 나뿐만 아니라 사업주체인 대한전선도 익히 알고 관심을 가지고 있는 문제이다.

무엇보다 관광은 공급자 위주의 개발 계획이 아닌 수요자, 즉 관광객을 유인할 수 있느냐에 초점을 두고 전략을 수립해야 성공할 수 있다. 현실적으로 골프 게임만을 전제로 한다면 무주의 골프장이 아닌 서울 인근의 당일 코스로 골프장을 이용하는 것이 시간이나 경제성을 따졌을 때 유리하다. 따라서 단순히 골프만을 즐기는 차원에서 벗어나 숙박을 전제로 하여 즐길 거리를 만드는 게 중요하다. 무주기업도시는 2만여 명이 거주하는 자족도시이자, 의료, 요양, 휴양, 관광, 레저 등이 주요 컨셉이다. 무주군과 대한전선이 공동 추진할 무주 기업도시 프로젝트명인 '슬로우 밸리 무주(The Slovalley MUJU)'는 '청정 환경과 건강' '느리게 사는 삶의 여유'를 그 내용으로 담고 있다.

무주 기업도시의 기대효과는 한마디로 많은 일자리 창출과 주민소득 증진 그리고 무주와 전북 브랜드의 가치 상승에 있다. 관광레저산업은 부가가치가 자동차산업의 2배, 고용효과가 제조업의 2배에 달하는 21세기에 가장 각광받는 산업이다. 그래서 무주군은 기업도시 건설로 1조 8, 300억 원의 생산유발 효과와 5,920억 원의 부가가치 유발

효과, 2만 2,200여 명의 고용창출 효과가 있을 것으로 기대하고 있다.

총 250만 평의 규모에 사업 준공시점인 2015년까지 총 소요자금은 약 1조 8,000억 원이 투입되며, 기업도시 건설로 인한 예상 매출 수입은 2조 1,800억 원으로 보고 있다. 전문기관 조사에 따르면 관광객 증가 예상인원은 2010년 1,000만 명, 전국 부가가치유발액 2,000억 원, 전국 취업유발효과 100만 명, 지역 부가가치유발액은 9,000억 원, 지역 취업유발효과 4만 명에, 지방재정 기여도로는 2015년까지 총 821억 원의 지방세 수입이 예상되며 연평균 91억 원의 증가 효과가 있을 것으로 분석되고 있다.

무주군은 2004년 12월 말 세계태권도공원 유치에 이어 2005년 7월 기업도시를 유치해 냈다. 두 개의 국책사업을 유치함으로써 이제 본격적인 국제화 도시로 거듭날 기틀을 갖추게 된 것이다. 1조 2,000억 원 규모의 세계태권도공원과 1조 8,000억 원 규모의 기업도시를 합하면 약 3조 원이라는 천문학적인 액수의 자본이 앞으로 10년에 걸쳐 무주지역에 투자된다. 이는 실로 무주지역은 물론, 전북지역에서 유례없는 투자 규모이다.

태권도공원과 무주 기업도시를 찾는 국내 및 해외 관광객들이 얻게 될 무주군과 전북에 대한 이미지 제고 및 전북브랜드의 가치 상승이라는 간접효과를 고려하면 그 파급효과는 실로 막대하다.

지금도 눈에 선하다. 단지봉 정상에 오른 평가위원들의 땀을 씻어 주기 위해 물수건을 들고 뛰는 무주군청 과장들의 모습이 아른거린다. 평가위원들의 무더위를 식혀 주기 위해 자신의 몸을 이용해 연신 그늘을 만들어 주는가 하면 평가위원들의 물병에 물이 떨어지자 정각에서 내려와 물병을 나르기까지 하면서 보여 준 무엇인가를 이루어 보겠다는 열의에 찬 모습이 눈앞에 보이는 듯 하다.

무주기업도시는 무주군민의 전폭적인 지지와 참여, 그리고 공무원들의 값진 노력의 대가라는 점에서 두고두고 높이 평가할 만하다.

걸어서 춘천까지
천리 길 도보행진

2003년 7월 3일 체코 프라하에서 2010년 동계올림픽 개최지가 불행하게도 캐나다 밴쿠버로 확정되었다. 국민 모두가 아쉬움을 토로했고 선전한 강원도민과 관계자들은 망연자실 울음 바다였다. 강원도를 제외한 다른 지방자치단체 중에서 제일 아쉬움과 실망감을 느낀 사람들은 나와 무주군의 400여 공직자, 그리고 무주 군민들이었다.

10여 년간 동계올림픽 유치를 위해 전 군민이 혼신을 다해왔으나 강원도 평창이 뒤늦게 유치 경쟁에 뛰어들어 2014년 동계올림픽 유치는 무주가 우선권을 갖는다는 동의서 한 장에 눈물을 머금고 동계올림픽 유치를 양보하고 평창을 지지해 왔기 때문이다.

그런데 우리를 더욱더 실망시킨 것은 강원도지사의 배은망덕한 언사였다. 2014년 동계올림픽 강원 재유치 추진을 천명하고 나섰기 때문이었다. 무주군민을 비롯한 전북도민은 동계올림픽 유치 무산의 서운함과 더불어 약속을 헌신짝처럼 저버린 강원도지사의 식언에 분노하기 시작했다.

　나는 김진선 강원도지사의 헌신짝처럼 저버린 약속 위반사실을 강원도민과 전 국민에게 알리기 위해 춘천까지 걸어서 천리 길 도보행진을 단행하게 됐다. 한여름 폭염 속에서의 13박 14일간의 강원도청이 있는 춘천까지의 도보행진은 울분에 찬 도전이었고 모험이었다. 그러나 약속은 반드시 지켜져야 한다는 나의 신념때문에 밀려오는 피로감과 신체적 고통은 장애물이 되지 못했다.

　무주를 출발해 충청도와 경기도, 서울을 거쳐 강원도 춘천까지 도보행진을 하는 동안 강원도지사가 친필서명한 동의서가 있다는 사실을 알게 된 국민들은 한결같이 가두에서 2014년 무주 동계올림픽을 연호해 주었고 같이 도보행진 대열에 동참까지 해 주었다.

　천안부근에서 "약속은 반드시 지켜져야 한다."며 손목을 꼭 잡아주시던 어느 할머니의 부르튼 손과 수원부근에서 어린 아이의 가냘픈 "파이팅" 소리는 발바닥이 헤지고 부어오르는 무릎의 통증과 피로를 잊게 하고 용기와 희망을 주었다.

13박 14일 동안 걸어가서 김진선 지사를 만나 담판을 짓고자 했지만 강원도지사는 면담조차 회피하고 6시간 동안 장대비 속에서 무주군민을 비롯한 행진단을 홀대하기까지 했다. 나는 이 행진으로 인해 무릎관절 연골이 파열돼 서울 삼성병원에서 대수술을 해야만 했고 같이 걸었던 많은 사람들이 거의 똑같은 증세를 보였다. 13박 14일을 같이 고생한 일행들은 아직도 도보행진의 후유증에 시달리고 있지만 결코 도보행진에서 흘린 땀방울이 헛되지 않았다는 사실이 마음의 위안이 되고 있다.

비록 도보행진은 끝이 났지만 행진단이 무주에서 춘천까지 걸어서 강원도에 전달한 약속의 소중함은 희망의 촛불이 되어 국민들 가슴마다 퍼져나가 새로운 행진의 시작을 선포하게 했다.

무주의 동계올림픽 유치 문제는 순수한 목적으로 출발 했다기보다는 전두환 군사정권 때부터 덕유산 국립공원을 스키리조트로 개발하기 위한 명분용으로 시작되었다는 것이 솔직한 고백일 것이다. 그래서 무주 동계올림픽 유치 문제는 역대 대통령선거 때마다 전북지역을 아우르는 공약사업으로 여야를 막론하고 제시해 왔지만, 진정으로 그 실천의지를 확인하기에는 역부족이었다.

문화관광부장관은 1998년 11월 23일 국무회의석상에서 김대중 대통령에게 동계유니버시아드대회의 성공적인 개최 경험과 시설을 근거로 무주 동계올림픽 유치에 대한 정부의 방침에 대해 김대중 대통령에게 보고를 했다.

보고서에 의하면 "2010년 무주 동계올림픽 유치는 대륙별 순회 개최 전례에 따라 유치전망이 매우 밝을 뿐만 아니라 1997년 열렸던 동계유니버시아드대회 경험과 시설을 활용하면 경제적인 대회가 가능하고 산업발전 등 관광수입 효과를 거양할 수 있다."고 밝히며, "문화관광부는 전라북도에서 2002년경 IOC에 대회유치신청서 제출시 대회의 성공적 개최지원을 약속하는 정부보증서 발급을 추진할 계획"이라고 동계올림픽 무주 유치를 분명하게 명시했다.

대한올림픽위원회도 국경 제193호(1998. 12. 1)로 "2002년 전라북도에서 IOC에 동계올림픽 유치신청서 제출시 정부보증서 발급을 추진할 계획"임을 정식 공문으로 약속하고 확인하였으며, 1999년에는 무주 동계올림픽 유치를 제4차 국토종합개발계획에 명문화함으로써 무주 동계올림픽 유치는 선택의 여지가 아닌 기정사실로 정부와 대한올림픽위원회는 받아들였다.

무주는 무주리조트 스키 슬로프를 조금만 확장하면 IOC기준을 충족시킬 수 있고 이미 1997년 동계유니버시아드대회도 성공적으로 개최했던 장점이 있었지만, 정치권의 정략 앞에는 무력하기만 했다.

정치권에서는 선거를 의식해 표심만 생각하고 있었다. 한나라당의 입장에서는 전북은 아예 포기 지역이었고, 여당인 열린우리당은 확실한 지지기반인 전북은 제쳐두고, 동진정책의 일환으로 강원도 득표만을 의식해서 평창 유치를 묵계적으로 지지하고 나섰다.

한나라당 박근혜 대표는 2014년 동계올림픽 강원유치를 지지하고 나섰고, 열린우리당은 총선 선거공약으로 2014년 동계올림픽 전북 무주 유치를 위해 최선을 다하겠다고 큰소리쳤다. 그런데 어떠한 연유에선지 총선도 끝나기 전에 슬그머니 총선공약에서 삭제하는 일이 벌어졌다. 원칙과 신의 보다는 정략과 지역이기주의가 지배하는 바람직하지 못한 결과를 만들어 냈다.

2000년 10월 23일 강원도의 기습적인 동계올림픽 유치 신청으로 정부와 대한올림픽위원회의 약속과 결정사항들은 한낱 휴지조각에 불과한 것이 되어 버렸고, 그동안 무주 동계올림픽 유치를 위해 국외로 동분서주했던 전라북도 유종근지사의 유치추진 노력들은 물거품이 되고 말았다.

대한올림픽위원회는 강원도의 유치신청을 받아주었고, 정부는 정부대로 정권재창출이라는 정치적 계산을 했는지 이미 국무회의 의결을 거쳐 확정된 2010년 동계올림픽 국내 유치문제와 후보지 결정사항을 대한올림픽위원회에 일임한다며 엉거주춤 흐지부지한 자세를 취하고 말았다.

무주군이 강력하게 항의하자 2002년 1월 9일에서야 KOC는 투표를 거쳐 스키 강원도, 빙상 전북이라는 국제경쟁력이나 유치가능성을 전혀 고려하지 않은 기형적 구도로 정치적 결정을 내렸다.

강원도지사가 그후 전북도청을 전격 방문해 2010년 대회를 강원도 단독으로 유치신청할 수 있도록 양보해 달라고 요청하고 KOC 측이 대승적 견지에서 강원도에 단독유치를 하도록 하자고 설득했다. 2002년 5월 KOC 중재로 "2010년 동계올림픽 유치는 전북이 양보하고 강원도가 단독 신청하되 만약 강원도가 동계올림픽 유치에 실패하면 2014년 동계올림픽 유치 신청에선 전북이 IOC 시설기준 충족을 전제로 우선권을 갖는다."고 합의, 김진선 강원지사가 각서에 서명했었다.

무엇보다 강원도가 동강 상류인 가리왕산에 슬로프를 새로 조성한다는 계획은 심각한 환경훼손을 불러올 것임에도 불구하고, 우리는 국익을 먼저 생각하는 대승적 견지에서 2010년 강원평창, 2014년 전북무주 동계올림픽 유치라는 대한올림픽위원회의 중재안을 받아들였다.

그 결과 강원도 평창이 단독으로 2010년 동계올림픽 유치신청을

IOC에 제출하고 선전했지만 안타깝게도 캐나다 벤쿠버에 3표 차이로 유치에 실패하고 말았다. 그러나 문제의 발단은 김진선 강원도 지사의 신사답지 못한 처신과 양도 간에 맺은 친필 동의서를 일방적으로 파기하고 '2014년 동계올림픽 강원 평창 재추진'을 선언하면서부터 강원도민과 전북도민들은 걷잡을 수 없는 감정의 소용돌이에 휩싸이게 되었다.

나는 동계올림픽 유치과정의 우여곡절 속에서 두 명의 광역단체장의 행태를 지켜보았다. 두 분은 다름 아닌 김진선 강원도지사와 강현욱 전북도지사이다. 두 명의 광역단체장은 공히 기초자치단체장인 나에게 동의서 내지 각서를 쓰고도 책임을 지지 않은 인물이라는 점에서 공통점을 가지고 있다. 다른 점으로는 한 사람은 수단과 방법을 가리지 않는 후안무치한 사람이고, 다른 한 분은 유치하겠다는 강한 의지보다는 소극적, 미온적으로 매사에 임해 10여 년간 심혈을 기울여 온 무주 동계올림픽 유치를 무책임하게 무산시킨 무능력한 장본인이다.

김진선 강원도지사는 "2010년 동계올림픽을 강원도 평창이 단독으로 유치 신청하는 대신, 만약 유치에 실패하면 전라북도는 2014년 동계올림픽 유치신청에 있어 단독 제출에 관한 우선권을 갖는다."는 내용과 "본인은 위 동의 사항에 대하여 어떠한 형태의 법적, 사실적 쟁송 또는 이의를 제기하지 않기로 한다."라는 동의서에 본인이 직접 확인하고 친필로 서명했다. 그럼에도 불구하고, 대한올림픽위원회에서 단독유치를 위해 제안한 사안에 대해 단지 서명해 준 것뿐 법적인 책임한계가 없다고 밝히고 있는 등 상식을 초월한 행동을 보여 우리 전북 도민의 울분을 자아내게 만들었다.

강원도지사의 서명은 개인적인 행동이 아닌 강원 도정을 책임진 기관의 대표로서 공인의 행동이었다. 다시 말하면 전북도와 강원도의 기관 대 기관의 구속력 있는 신사협약이었다.

강원도의 거도적이고 집요한 유치 움직임과 달리 전라북도의 대응이라는 것은 행사장이나 쫓아다니는 정도의 한심한 수준이었다. 동계올림픽 유치 추진단은 구성이 되어 활동하고 있었지만 무주가 적극적으로 나서는 것은 오히려 달갑지 않은 눈치가 역력했다. 차라리 그럴 바에는 유치에 관한 모든 전권을 무주군에 위임해 달라고 강력하게 주장했다.

며칠 후 전북도청으로부터 의외적인 제안을 받았다. 동계올림픽 유치는 전라북도에서 전적으로 책임을 지고 추진을 할 테니 무주군에서는 태권도공원이나 잘 하라는 것이었다.

몇 개월 후 대한올림픽위원회는 최종 유치후보지 결정을 위하여 전북과 강원도에 대한 현지실사 일정을 결정하고 전북과 강원도에 통보를 했다.

그러나 상식적으로 납득할 수 없었던 것은 전북에만 유독 환경문제를 현지실사 항목에 포함시키자는 KOC와 IOC의 집요한 요구에 전북이 덜컥 서명을 하고 말았다. 나중에 문제가 심각해지자 강현욱 지사는 몰랐던 일이라며 철부지 같이 서명을 했던 사무총장만 책임회피용 문책을 하여 유야무야 얼버무리는 상식 밖의 해프닝이 벌어지고 말았다. 결정적인 자살골을 넣은 것이나 마찬가지였다.

나는 강현욱 전북도지사에게 직접 전화를 걸어, "우리가 실사를 받을 이유가 없고 더욱이 환경실사를 받아서는 안 된다."고 강력하게 주장했다. 받을 필요가 없는 실사에다 실사평가단이 무주와는 악연이 있는 FIS의 위원이었다. 실사평가를 오는 평가단이 용평리조트를 설계한 장본인인 FIS의 버나드 루시였기 때문이었다.

얼마 후 전라북도로부터 실사평가단이 무주를 방문한다는 통보와 더불어 도지사가 갑자기 무주를 방문해 긴급히 만나자고 연락을 보내왔다.

강현욱 지사와 무거운 대화가 시작됐다. 강현욱 지사는 현재의 무주리조트를 대체하는 대안으로 장수군 쪽의 남덕유산을 대안으로 제안했다는 고백이었다. 나는 황당하지 않을 수 없었다. 실사평가단에게 남덕유산의 새로운 슬로프 B안을 제시한다는 것은 현재의 시설이 여건상 FIS의 실사요건을 충족시키지 못한다는 것을 스스로 자인하는 것과 같을 뿐만 아니라 여우를 피하려다가 호랑이를 만나는 격으로 남덕유산 환경시비로 더 큰 난관에 휘말릴 것이 뻔하기 때문이었다.

그래서 나는 일언지하에 거절했다. 현재의 무주리조트 시설을 리모델링하여 코스의 난이도와 표고차를 보완하면 경제적이고 환경적인 친환경 올림픽을 치를 수 있다고 거듭 주장했고 남덕유산을 대안으로 제시해서는 절대 안 된다고 만류했다.

그러나 강현욱 지사가 이미 남덕유산 B안으로 실사를 받겠다고 IOC에 통보했기 때문에 달리 방법이 없었다. 실사평가를 하루 앞두고 무주군과는 상의 한마디 없이 일방적으로 결정한 사항을 하루 전에 통보하는 식이었다. 나는 돌아올 수 없는 다리를 건너고 말았다는 절망적인 생각을 했다.

"만일 남덕유산의 B안을 제시했다가 동계올림픽 전북유치가 실패로 돌아간다면 어떻게 하시겠습니까?"라고 흥분하자 강 지사는 "내가 모든 것을 책임지겠다."고 말했다. 나는 "그것은 강 지사님과 나와의 약속에 불과한 것이고 이는 전북도민들과 무주군민들의 미래가 달린 중대한 문제입니다."라고 말하자, 강 지사는 "내가 각서라도 쓰겠다."고 말하고 결국 내 앞에서 강지사는 각서를 쓰고 말았다. 참으로 어처구니가 없었다. 결국 사무총장의 자살골에 이어 길을 두고 뫼로 갔던 남덕유산 B안이 두 번째 자살골이 되어서 동계올림픽 전북 유치의 꿈은 산산조각 나고 말았다.

나와 무주군민들이 '걸어서 춘천까지 천리 길 도보행진'으로 13박 14일 동안을 걸어서 악전고투 끝에 살려놓은 희망의 불씨를 전라북도가 자살골 2개로 허망하게 꺼뜨리고 말은 것이다. 강현욱 도정의 무능과 전략 부재가 한결같은 전북도민들의 희망과 기대를 물거품처럼 어이없이 날려 버리고 말은 것이다.

그러나 나는 동계올림픽 무주유치의 꿈을 결코 접지 않았다. 일본의 경우는 삿포로와 나가노에서 국토균형발전적인 측면에서 1972년과 1998년에 동계올림픽을 이미 두 번씩이나 유치하고 개최한 예가 있다.

2014년 강원도 평창이 동계올림픽 국내유치 후보지로 결정이 돼 유치에 나서고 있지만 머지않아 동계올림픽 무주유치의 꿈이 실현될 수 있도록 희망을 포기하지 않고 하나씩 그 기반을 갖추어 나가는 것이 최선의 방법이라고 생각한다. 접지 못한 동계오륜기가 무주의 하늘에서 펄럭이는 꿈을 나는 결코 포기하지 않을 것이다.

우물안 개구리는
바다를 이야기할 수 없다

우리 시대는 이전의 백 년이 오늘의 일 년, 아니 한 달 밖에 되지 않는 시·공간압축의 시대이다. 시·공간 압축의 시대 변화는 빠르고, 지속적인 혁신을 요구한다. 단 몇 초만에 가난한 나라 몇 개를 흔들어 버릴 수 있는 금융자본이 이동하고, 세계를 연결한 인터넷망은 실시간으로 인류의 희로애락을 전지구촌에 중계하면서 지구촌을 하나로 묶고 있다.

자본의 국경선에 불과하던 근대 국민국가는 자본의 무한한 이동과 통합성에 점차로 무너져 가고 있다. 나프타(NAFTA), 유럽연합(EU), 아세안(ASEAN), 에이펙(APEC) 등 지역 블럭화와 함께 무한경쟁의 세계화 시대는 위기이자 기회로 우리에게 다가오고 있다. 세계화는 힘없는 약소국가의 내생적 기반을 흔들면서 강대국 입맛에 맞게 세계를 재편, 지구촌의 양극화를 발생시키면서 국민국가뿐 아니라 개별도시조차도 지구적 통제를 받게 하고 있다.

다른 한편에서는 세계화의 불평등에 반대하여 지구촌 시민의 삶의 질 향상과 주민적 자결을 위한 지구촌 시민의 연대가 촉진되고 있다.

이는 곧 '불과 물'이라는 이루어지기 어려운 형용모순 같은 '세계화와 지방화의 동시적 진전'으로 나타나고 있고 국가의 총체적 경쟁력과 함께 개별 도시·지방의 경쟁력 또한 세계시장에 곧바로 나설 것을 요구하고 있는 것이다.

국가의 이름과 더불어 지방의 이름으로, 즉 메이드 인 코리아(made in Korea)와 더불어 메이드인 무주(made in Muju)가 요청되는 시대가 되는 것이다.

나는 지난 2005년 스페인 마드리드에서 열린 세계태권도연맹(WTF)이 주최하는 제17차 세계태권도연맹총회에 무주태권도공원이 19번째 의제로 정식 채택돼 초청을 받은 적이 있다. 태권도공원 유치를 추진하면서 조정원 총재 등 연맹 관계자들과 친분이 있던 터라 무주태권도공원 홍보의 제 채택은 그리 어렵지 않았다.

179개국 300여 명의 세계 태권도 집행위원들과의 인적 네트워크 구성에 있어 절호의 기회라 생각했고 무주태권도공원 조성 소식을 지구촌 곳곳에 알릴 수 있는 호기라 판단했다. 영어, 프랑스어, 스페인어 등 다국적 언어로 된 홍보 브로서 제작과 홍보영상물도 제작했고, 태권도 품세 모양의 천연자개로 된 기념품도 준비했다. 총회의 분위기는 엄숙했고 취재진들이 장사진을 쳐 여느 국제회의를 방불케 하여 태권도의 위상을 실감할 수 있었다.

연단에서 나는 무주태권도공원의 조성 소식을 설명했다. 연설을 마치고 난 후 집행위원들은 "원더풀"과 "넘버 원"을 외치며, "무주태권도공원에 꼭 가야겠다."고 말했다. 이들과의 교감은 매우 중요한 것이었다.

집행위원들은 세계 태권도 지도자들로 모두 자국으로 돌아가면 태권도공원과 무주의 홍보대사가 되기 때문이다. 총회기간 중 연일 계속되는 리셉션과 태권도대회에 참석하느라 하루에 2~3시간밖에 잠을 잘 수가 없었지만 육신의 피로는 세계로 뻗어가는 무주를 생각할 때 그리 무겁지만은 않았다.

세계태권도연맹(WTF) 총회 일정을 마치고 귀국하자마자 한국관광공사로부터 태권도공원 미주 지역 순회설명회에 참가해 달라는 통보를 받았다.

한국관광공사 관계자는 외국에서 한국관광을 홍보할 때 태권도라는 관광상품을 빼놓고 한국관광을 홍보할 수 없다며 나에게 무주 태권도공원을 미주지역 태권도 지도자들과 라스베가스 마샬아트쇼(Marshall Art Show)에 참가해 설명을 해 달라는 것이었다. 9박 10일 동안 LA와 라스베가스 등 서부지역의 순회설명회 일정이었다. 나는 이번 기회에 미주지역 태권도인들에게 태권도성지로서의 무주의 이미지를 확실히 심어 주겠다는 결심을 하고 미국으로 향했다.

한국관광공사와 함께 LA 일정을 소화하면서도 나의 머릿속에서는 무주태권도공원과 전북발전을 연계하는 구상뿐이었다. 일정에서 잠시 남는 시간을 이용해 LA 근교에 있는 세계적인 테마파크인 유니버설 스튜디오와 디즈니랜드를 벤치마킹하기 위해 방문했다. 테마파크 컨셉 디자이너로부터 안내와 설명을 듣고 무주태권도공원도 유니버설 스튜디오와 디즈니랜드를 능가하는 세계 최고의 테마파크가 될 수 있겠다는 희망을 가졌다.

세계 최대의 무술쇼인 마샬아트쇼에 참가하기 위해 두 번째 행사 장소인 라스베가스로 이동했다. 처음 밟는 라스베가스는 나에게 무언가 번뜩이는 아이템을 주기에 충분했다.

라스베가스는 더 이상 도박과 환락의 도시가 아니었다. 연간 4,000만 명의 세계 시민이 찾는 세계 최대의 관광도시였고 관광수입 또한 연간 400억 달러를 육박하고 있었다. 라스베가스 관광청의 통계보고에 따르면, 미국내 30대 도시 중 범죄발생률이 제일 낮고, 도박산업의 수익금 역시 전체 수익금의 5분의 1 정도 밖에 되지 않아 라스베가스는 더 이상 도박과 환락의 도시가 아닌 종합엔터테인먼트의 복합도시이자 중심도시였다.

나는 라스베가스 테마호텔을 둘러보다 전라북도의 현안인 새만금과 라스베가스를 오버랩시켜 보았다. 처음에는 잘 맞지 않던 그림이 서서히 겹쳐지기 시작했다. 새만금을 라스베가스처럼 만들면 어떨까 하는 생각을 하게 됐고 꼭 그렇게 만들어 보고 싶은 욕구가 샘솟았다. 라스베가스에서 라스베가스를 꿈꾼다는 자체가 신이 나고 즐거웠다.

나는 동양의 라스베가스-새만금을 생각하다 벨라지오 호텔 분수대에 잠시 멈춰 섰다. 굉음을 지르며 형형색색 품어지는 물 분수에서 아이디어가 떠올랐다. 새만금을 무주 태권도공원과 함께 도내 14개 시군을 연결하고 한류관광산업의 중심지로서 황해도시 공동체의 허브마켓시티로 만든다면 13억 인구의 거대 중국시장은 물론 세계시장을 전북으로 끌어당길 수 있다는 생각이었다.

나는 라스베가스에서 새만금을 세계에서 가장 친환경적인 현명한 도시, 존경의 도시, 희망의 도시로 일궈 내는 동양의 라스베가스-새만금의 기적을 꿈꾸었다. 미국 내 일정을 마치면서도 동양의 라스베가스-새만금 구상은 내 머릿속을 떠나지 않았다.

지난 2004년부터 나는 세계 한인회장들과 특별한 인연을 맺어 왔다. 청와대에서 매년 개최하는 세계 한인대회에 참석차 고국을 방문하는 한인회장들을 모시고 조찬을 마련하면서부터이다.

태권도공원 유치 홍보활동 도중 인적 네트워크 구성을 갖기 위한 세계 한인회장단들과의 만남은 지구적 정보교환과 세계 속에 무주를 알리는데 더없이 좋은 자리였다.

조찬장에서 한 한인회장께서 해 주신 말씀이 기억에 새롭다. "외국 생활에서 가장 힘든 것이 가슴 속에 고향을 그리는 것인데 김군수께서 듬뿍 알려주시는 무주의 소식은 정말 잊지 못할 좋은 추억이 되었습니다. 무주에 가족들을 데리고 꼭 한 번 놀러가겠습니다."라는 말이다.

특별하지도 않은 평범한 말씀이었지만 가슴 속에 찡하게 박히는 말이었다. 무주가 지향하는 세계 도시인 '월드시티 무주'를 그려내기 위해선 세계를 상대로 한 이러한 인적 네트워크의 구성이 늦었다는 생각에서였다.

실제 태권도공원 미주지역 순회설명회 시 LA와 라스베가스, 뉴욕과 워싱턴에서 한인 회장단들과의 만남은 반갑기도 했지만, 이들이 기억할 무주가 세계 유수의 관광도시일 거라는 생각에 기뻤다.

3선 연임으로 군수직을 계속하지 못하지만 이렇게 구성된 인적 네트워크가 계속 이어질 수 있도록 군청 주무담당자에게 특별지시를 하는 것도 바로 이러한 이유에서이다.

이와 때를 같이해 나는 적극적인 세계화 전략을 취했다. 대전에서 열린 'PATA 한국지부 정기총회 및 2005한국관광총회' 신규상품설명회에 참가하기로 하고 신청서를 냈다. 무주 관광자원에 대한 총체적인 홍보활동을 전개하는 이 총회는 한국관광공사가 주관하고 국내외 여행업자와 호텔 컨벤션 업계, 지방자치단체, 관광학회와 항공사, PATA한국지부 회원사, 한국관광공사 주요 VIP 등 500여 명이 참가하는 대규모 국제회의다.

현재 조성 중인 태권도공원과 무주 반딧불축제 등 천혜의 관광자원 인프라를 하나의 패키지로 엮어 상품으로서의 가치를 창출할 수 있도록 브리핑하고 '세계적인 스포츠·문화전략 도시 무주'라는 프레젠테이션을 제작해 관광 상품들을 소개했으며 행사장 주변에서 무주 관광 홍보책자를 배부하는 등 적극적인 마케팅 활동을 펼쳤다.

총회에는 무주군을 비롯해 대전광역시, 마카오 관광청, 인도 관광청 등이 참가했으며 참석자들은 지난해 말 유치에 성공한 무주 태권도공원 조성상황과 무주 반딧불축제에 대해 많은 관심을 보였다.

글로벌 인적 네트워크의 중심에 서겠다는 나의 각오는 남달랐다. 태권도공원이 유치되기 전부터 한국, 중국, 일본을 잇는 세계적인 무술 네트워크를 구성하겠다고 밝힌 이유도 이 때문이었고 실제 태권도공원 유치전이 치열할 무렵 소림사가 위치한 중국 하남성 등봉시와 자매결연 의향서를 체결했다.

한·중 양국의 전통문화를 바탕으로 상호 인적교류 증대와 우의 증진, 호혜평등의 원칙을 기초로 한 행정·문화·교육·무술 등의 교류 확대, 필요한 지식 정보 등의 상호교환, 상호교류협력 사업 및 관심사항의 합의, 국제협력 확대 발전 및 민간교류 촉진 등의 내용을 담아 2005년 9월 8일에는 등봉시의 초청으로 정식 자매결연을 체결했다.

중국무술축제에서 체결된 결연식을 계기로 63만 등봉 시민을 비롯한 13억 중국인들에게 태권도와 태권도 공원을 알리고 글로벌 인적 네트워크를 구축하는 발판을 만들었다.

앞으로 일본, 태국 등 아시아 무술국가들과의 네트워크 구성을 통해 세계 시민들이 즐겨 찾는 무주 태권도공원이 될 수 있도록 한다면 지구촌 태권도 중심도시이자 한류관광의 중심도시 무주를 구현해 낼 수 있을 것이다.

지구촌 대재앙 남아시아 지진 해일 피해(쓰나미 피해) 때의 일이다. 나는 태풍 루사 피해 때 전국에서 쏟아진 온정의 손길이 떠올랐다. 간부회의 시 긴급히 해외봉사단 파견을 지시했지만, 지방자치단체 차원에서 해외봉사활동은 외교적 문제와 신변안전 등 제약을 받아 파견이 어렵다는 보고를 받았다. 나는 관료주의적 사고로는 도저히 해외봉사단을 파견할 수 없다며 민간차원 등 자체적인 파견계획을 다시 세워 보라고 지시했다. 이러한 나의 지시에 어렵게 해외자원봉사단의 파견은 결정됐고 신청서를 접수받자마자 8명의 자원봉사 공무원들이 자원에 의해 순식간에 모집됐다.

이들 봉사단을 떠나보내면서 나는 "선과 사랑을 실천하는 군의 근본적인 모토를 잊지 말고 무주의 홍보대사로서의 소임을 다해달라."고 당부했다.

이들은 쓰나미 피해가 극심한 태국 카오락 등지에서 9박 10일 동안 의료 방역지원 활동을 하고 무사히 복귀했다. 보건복지부에서는 이들 해외봉사단을 높이 평가해 제33회 보건의 날 유공기관으로 선정하기도 했으며, 기관표창까지 수상했다.

안으로는 매력 있고 경쟁력 있는 도시의 정체성을 이루고 밖으로는 세계 시민을 맞아들일 수 있는 수용 태세를 갖추는 것은 세계화와 지방화가 동시에 진행되는 시대에 지방정부의 필수적인 일이 되고 있다.

이제 지방자치단체도 세계화 마인드를 갖지 않으면 안 된다. 지엽적인 작은 지역사회 안에서 내 것 네 것이 아니라 세계를 향해 가슴을 활짝 열어야 할 때다. 우물 안 개구리가 되어서는 바다를 이야기할 수 없기 때문이다.

7

개혁의 저항은
끈질기고 험난했다

재정파탄 헛소문
"이번 선거가 마지막입니다"

                이 세상에는 다시 돌아오지 않는 세 가지가 있다. 잃어버린 기회와 시위를 떠난 화살, 그리고 입에서 나온 말이다. 이중에서 가장 치명적인 것은 '말'이다. 말은 인격이다. '말'을 늘려 발음하면 '마알'이 된다고 한다. '마알'이란 '마음의 알갱이'란 뜻인데, 결국 마음의 알갱이들이 나타나는 것이 말이므로 열 길 물속은 알아도 한 길 사람 속은 알 수 없지만, 말을 통해서 마음을 헤아려 볼 수는 있다. 말과 글을 통해 그 사람에게 내재되어 있는 능력과 수준을 알 수가 있기에, 우리 조상들도 사람을 평가할 때 신언서판(身言書判)으로 기준을 삼았던 것이다.

  지난 세월을 차근히 돌아보면 떠오르는 악몽이 있다. 나와 선거에서 경쟁했던 낙선자들이나 정치적 꿈과 야심을 가진 세력들이 벌이는 나에 대한 인신공격과 군정의 발목을 잡는 행위 등이 그 악몽에 해당한다. 순수한 시민운동으로 위장하여 끊임없이 흠집을 내고 비방하는데 그 대표적인 사례가 무주 경제정의실천시민연합 사회개혁 단이다.

무주 경실련은 우리나라를 대표하는 NGO인 경실련의 규약에서 "이 연합은 연합의 목적과 취지에 부합하는 특정한 사업 목적을 수행하기 위하여 개별 기구와 부설기관을 둘 수 있으며 그 조직 및 운영에 관하여는 별도의 규칙에 의하고 각 개별기구는 별도의 정관을 가질 수 있으며, 본 연합의 규약과 규칙의 범위 내에서 운영의 자율성을 가진다고 규정함으로써 개별기구에 대해서는 중앙 경실련의 별도의 인준이나 승인절차가 필요 없다."는 항목을 악용하여 만들어졌다. 그리고 무주 경실련은 1999년 11월에 풀뿌리 시민운동을 기치로 내건 소식지 《햇불》을 창간하였는데, '정기 간행물 등록에 관한 법률'에 따른 등록을 하지 않은 불법 정기간행물이었다.

무주 경실련은 불법 정기간행물인 《햇불》을 통해 무주군에서 추진하는 모든 사업과 정책 등에 대하여 사사건건 비방하고 악의에 찬 허위 사실을 적시하기 시작했다. 매 호마다 2,000~3,000부씩을 발행하여 관내 주요기관과 단체, 그리고 불특정다수 주민뿐만 아니라 관외

에까지 무차별 배포했으니 이 파급효과를 무시할 수 없는 상황이었다.

무주 경실련은 《햇불》을 통해 무주군정에 대해서 사사건건 발목을 잡고 놓지 않았다. 거기에는 무주군수 출마를 노리는 경실련 사무국장이 도사리고 있었다. 다시 말하면 정치적 목적에 의해 생트집을 잡고 루머를 양산하기 시작한 것이다. 실례로 무주군이 한국능률협회에서 주관한 지방자치경영대상을 제3회와 제5회에서 연거푸 수상하자 이에 대해 악의적인 비난 기사를 게재했다.

> "민간단체 한국능률협회가 시상한 지방자치경영대상 과연 얼마나 영광된 상인가?"
>
> "3년 이내는 동일 한 상을 못 타도록 된 것을 고쳐서 2년만에 다시 타게 되었다. 홍보 담당이 몇 날 며칠을 열을 내서 떠드느라 그 고왔던 목소리가 다 쉬었을 정도였으니, 만약 불꽃놀이만 하나 더 추가되었더라면 영락없이 제2의 반딧불 축제가 되고도 남았을 판이었다. 더러 미술학원에다 애들이 돈을 주고 사는 상과 마찬가지였다."
>
> (《햇불》 6호, 2000년 7월 21일자)

> "어린아이부터 노쇠자 모두 군민 1인당 76만 원의 빚을 갚아야 하

는 무주군이 전국에서 가장 많은 빚을 지고 있다."

"빚을 내어 생산성, 즉 주민의 소득증대와는 거리가 먼 군청담장을 허물고 벽 없는 청사, 주민자치센터 운영, 남대천공원화사업, 시내도로 돌 포장공사, 무주시장 현대화사업, 국제병원의 무리한 매입, 수영장 건립, 태권도공원 유치, 2010년 동계올림픽유치, 반딧불축제 등에 투자하고 있는 현실이고 이런 결과 전국에서 빚이 가장 많은 군이 되었다."

"주민을 현혹시키기 위하여, 선심성 사업을 위하여, 치적을 과시하기 위하여, 재선을 위하여 무슨 돈이건 끌어다가 실적을 내고, 내가 하였다 하기 위해 빚쟁이 군이 되었다."

《햇불》 8호, 2001년 4월 25일자)

아무런 근거 없는 이러한 악성루머와 무차별적 비방으로 인해 주민들은 행정에 대한 신뢰를 보내지 못하고 반목하고 갈등하며 분화의 조짐을 보였다. 나는 더 이상 두고 볼 수 없어 《햇불》 편집인을 출판물에 의한 명예훼손과 선거법 위반 혐의로 고소하였다. 결국 《햇불》 편집인은 법원으로부터 벌금형을 선고 받았고, 《햇불》에 대한 주민들의 반감과 외면으로 후원이나 재정지원이 끊기자 무주 경실련 사회개혁단은 자연적으로 와해되었다. 그러나 문제는 여기서 그치지 않았다. 문제는 무주 경실련이 주장하는 '빚'의 성격에 있다. 그것은 바로 지방채이다. 1999년말까지 무주군에서 발행한 지방채 총액은 원금과 이자를 포함하여 240억 원으로 2014년까지 연리 2.5~7퍼센트의 장기 저리로 분할 상환해야 하는 것이었다.

지방자치단체는 지역주민의 복지증진을 위하여 직접 또는 간접으로 필요한 여러 가지 사업을 수행한다. 이러한 사업을 수행하기 위한 경비는 사업의 성격에 따라 중앙정부로부터 지원을 받거나 지방세 수입 등으로 충당하게 된다. 통상 수입으로는 사업을 원활히 진행할 수 없을 정도로 규모가 크기 때문이다. 지방채는 부족한 재원을 보충하기 위해 지방자치단체가 중앙 정부의 각종 기금이나 특별회계에서 자금을 차입하는 것을 말한다. 모든 사업비를 지원해 줄 수 없는 정부는 지방채 사업을 적극적으로 권장한 다음 지방채의 원금과 이자를 갚아 준다. 무주 경실련의 《햇불》이 주장한 '빚'이란 바로 이 '지방채'를 말하는 것이다. 지방채로 할 수 있는 사업의 범위는 하수종말처리장건설이나 상수도사업, 농공단지조성 등 천재지변이나 항구적인 시설사업으로 국한되어 있고, 지방채 발행 전에는 지방회의 의결을 거친 후 행정자치부장관이 해당 자치단체의 채무 건전성에 대한 엄격한 심사기준에 따라 심사 후 승인해 주는 까다로운 절차를 거치도록 하고 있다.

무주군 지방채의 내용을 한번 들여다보자. 하수종말처리장 건설사업(사업비 168억 원)에 들어간 지방채는 원금과 이자를 포함하여 총 지방채 240억 원의 70퍼센트를 차지하고 있었다. 이것은 지방자치 실시 이전인 1992년에 사업에 착수하여 지방의회 의결과 행정자치부장관의 승인을 얻어 지방채 사업으로 추진키로 확정된 사업이다. 원금과 이자를 포함하여 국가에서 85퍼센트를 갚아 주고 전라북도에서 7.5퍼센트를 갚아 주는 조건으로 사업추진 진도에 따라 지방자치가 실시된 1995년부터 차입한 것이 있다. 그런데도 단순히 숫자만 가지고 240억 원을 빚지고 있다는 '재정파탄설'을 군정을 염려하는 순수한 의견으로 포장하여 군정 불신을 조장하였다.

지방채 발행을 의결해 주고 무주군 재정의 건전성을 너무도 잘 알고 있는 지방의회 의원들이 오히려 더 적극적으로 '재정파탄설'을 퍼트리고 다녔고, 《햇불》에서는 더욱 악의적으로 '재정파탄'을 다루었다. 선거 시기와 때를 맞춰 악령처럼 주기적으로 제기되었으니 군민들을 불안에 빠트리는 지경에 이르렀다. 무주군에서는 사태의 심각성을 인지하고 설명회와 공청회를 열고 자체 홍보물을 제작하여 사태의 조기 수습을 위한 가능한 모든 노력을 다했다. 하지만 민심의 동요와 재정파탄설은 쉽게 누그러들지 않았다.

해법은 2014년까지 국가와 전라북도에서 부담할 금액을 제외한 무주군 부담의 지방채를 일시적으로 상환하는 길밖에 없었다. 2002년 3월 14일 무주군 재정운영에 대한 주민의 우려와 불신 해소를 이유로 무주군 부담금 25억 원의 조기 상환을 요청하는 공문을 재정경제부 장관 앞으로 보내자 재정경제부에서는 이런 전례가 없다며 난색을 표했다. 그러나 결국 무주군의 완곡한 요청을 받아들여 2002년 4월 4일 25억 원을 조기 상환하였다. 그 결과 2002년 4월 11일자 도내 주요 일간지에 "무주군 빚이 없다," "무주군 지방채 제로," "무주군 지방채 채무 잔액 조기 상환"이라는 제목의 기사가 일제히 보도되었다.

그러나 2002년 4월 11일 민선 2기 무주군수 선거에 출마를 공식선언한 무주 경실련 사무국장은 무주군의 부채가 전국 최고 수준에 이르러 파산이 임박하다느니, 자치단체 파산 등에 관한 법률이 제정되어 그 법률이 무주군에 적용되면 선거권만 없어지겠느냐며, 무주군 부채가 많아 군수 투표권을 뺏기는 불상사는 물론이거니와 파산한 무주군에 주소를 둔 군민들의 주민등록증을 은행 등에 제출할 때 과연 아무 탈도 없을까라는 인터뷰를 하면서 또다시 무주군에는 재정 파탄설이 나돌기 시작했다.

이후 언론과의 인터뷰에서는 무주군수 출마 동기를 묻는 기자의 질문에 "무주군의 부채규모가 전국 최고 수준으로 파산이 임박하고, 다가올 6·13 선거가 무주군에서는 마지막 지방 선거이며, 국회에서

자치단체 파산 관련 법안이 제정되면 군민들의 주민등록증에도 '신용불량' 빨간 줄이 그어진다."고 주장하기도 하였다.

그러나 그는 2002년 6·13 무주군수 선거에서 고배를 마셨다. 무주군과 공무원들의 명예를 훼손한 혐의로 기소되어 결국 법원으로부터 법정 구속된 다음 교도소에서 무주군 전체 공무원에게 공개 사과문을 보내 고소취하로 풀려나게 되었다. 이 일로 재정파탄설은 일단락되었지만 5년 동안 악성루머를 수습하기 위해 수억 원의 예산을 낭비하였고, 일시에 지방채를 상환함으로써 지역개발사업에 차질을 초래하였으니 그 후유증은 심각하였다. 근거 없는 말 한마디로 인한 손해가 얼마인가. 이 손해가 다시 군민들에게 돌아가고 있다. 자신의 정치적 야심을 위해 군민을 위기로 몰아넣는 행위는 절대 있어서는 안 된다.

남대천에는 대어가 없었다

예부터 치수(治水)를 잘하는 군주를 성군
(聖君)으로 받들었다. 그러기에 통치자가 된 자는 성군이 되기 위하
여 심신을 청결히 하여 하늘에 제사를 지내고 당년의 길흉을 알려 달
라고 천지신명에게 빌곤 했다. 남대천의 자연친화적 제방공사는 성
과도 컸지만 탈도 많고 말도 많았던 사업이었다. 지금은 둔치에서 여
가를 즐기는 군민들을 보면서 흐뭇한 미소를 짓지만, 여기에 이르기
까지는 정말 험난한 여정이었으니 말이다.

무주의 하천은 산간 계류가 대부분이다. 무주의 가장 큰 젖줄인 남
대천은 구천동 원류인 원당천과 합류하여 서서히 흘러내리면서 읍내
대차리 서면 마을에서 금강으로 합류한다. 역시 덕유산에서 발원한

구량천도 서남쪽으로 흘러 금강으로 합류한다. 산지 사이의 작은 하천 주변에는 고원 형태의 분지와 평야가 있다. 이런 환경적 요인에서 자연친화적인 물길 다스리기를 한다는 것은 참으로 어려운 일이다. 하지만 이런 어려움을 극복해 냈다.

남대천의 개량복구사업을 위해서 전문 용역기관에 검토를 맡기는 등 철저한 검증을 거쳐 최대 홍수량 통과 단면적인 648제곱미터를 확보해 안전 문제에도 만전을 기했다. 둔치 정비 등에 소요된 하천 내 자연석 및 복토제의 반입 양에 대해서도 남대천 수해 상습 지역 공사를 통해 토사반출량 등을 정확히 계산 반출하고, 홍수위의 조절에 과학적으로 대처하도록 하였다. 특히, 제방 호안의 축조공법에 많은 신경을 썼다. 대부분의 하천수해복구사업은 견치돌이나 콘크리트 블록 등으로 시공하고 있으나 이곳은 인근 부존자원인 무주읍 당산리 소재 폐 광산의 1제곱미터급 화강암 폐석을 이용하도록 하여 자연친화적인 하천이 되도록 하였다. 그 결과 2002년 태풍 루사 피해 복구 당시 108킬로미터에 이르는 남대천 전구간과 구량천 등 각 읍·면 하천을 자연친화형 자연석으로 시공·축조함에 따라 2003년 태풍 매미와 2004년 태풍 디엔무, 2005년 집중호우 때 인명과 재산 피해를 최소화할 수 있었다.

또한, 수변의 땅이 숨을 쉴 수 있게 되어 자연생태계를 복원하게 되었고, 물고기가 마음대로 이동할 수 있도록 하였다. 그리고 108킬로미터에 달하는 하천 제방을 농로, 경관도로, 시가지 우회도로, 간선도로, 재난 시의 대피도로로 활용될 수 있도록 하여 사회간접자본시설의 복합기능을 가미해 방재행정의 효율성을 높이도록 하였다. 그리고 둔치에 각종 복합시설을 만들어 자연친화적 환경과 더불어 주민들이 휴식을 즐길 수 있도록 하였다. 그 결과 이 사업은 건설교통부와 경실련 도시개혁센터가 공동 주관한 2001년도 '지속가능한 도시대상'을 수상하는 계기가 되었다.

이 사업을 추진하는 과정에서 일부 세력들은 수해복구를 위한 사업임에도, 정치적 목적으로 나 개인에 대한 흠집 내기에 급급했다. 개천은 개천대로 흐르게 놔두면 된다느니, 터지면 막으면 된다느니 하는 무책임한 목소리까지 나오기 시작했다. 특히, 화강암 폐석은 소유자가 무상으로 제공하여 공기 단축은 물론 22억 원에 달하는 예산절감 효과를 가져왔는데, 이 폐석을 둘러싸고 군수인 나와 폐석광산의 소유주인 동생과는 법정으로 가는 소송 문제로 갈등을 낳기도 했다.

제방을 축조하는 데 사용하는 대부분의 자재들은 조잡한 시멘트 블록이다. 급류가 흐르는 제방에는 매우 위험한 자재인 것이다. 나는 제방공사를 하면서 일반적인 제방공법은 참고하지 않았다. 전문가의 의견과 수없는 토론 끝에 최종으로 내린 결론은 육중한 바윗돌로 제방을 축조하여 제방의 안전을 대폭 높이는 것이었다. 다행히도 남대천 현장으로부터 2킬로미터 떨어진 곳에 거대한 폐석광산이 있었다. 그런데 폐석광산이 망해서 경매로 나왔고, 남대천에 수해가 나기 훨씬 이전에 나의 친동생이 전주지법으로부터 경매로 2,700만 원에 낙찰을 받았다. 동생은 자신의 축사가 고속도로 공사에 도로로 편입될 상황에 처해 축사를 이전하기 위해 그 폐석광산을 사들인 것이다. 나는 동생에게 남대천 공사를 위해 경락 받은 폐석을 가져다 사용하겠다고 했다. 폐석을 재활용해서 사용하면, 자연친화적인 공법으로 하천의 아름다운 경관을 살리고 예산절감도 할 수 있는 이중의 효과를 거둘 수 있었다. 무엇보다 예산절감을 위해 폐석을 재활용하겠다는 나의 순수한 뜻에 동생이 흔쾌히 동의했다. 누이 좋고 매부 좋은 일이었다. 무주군에서는 버려진 폐석 덩어리를 이용해 제방축조공사에 사용해서 좋고, 땅 주인인 동생은 폐석을 치워 넓은 땅이 생겨서 좋은 일이었다.

그 폐석을 가지고 일부 악의적인 세력에 의해 유언비어가 날조되어서 나돌기 시작했다. 군수 동생에게 특혜를 주기 위한 것이라는 소문이었다. 토호 세력, 무주 경실련 사회개혁센터, 그리고 선거 낙선자들이 만든 특혜의혹 제기였다. 그들은 소설을 쓰기 시작했다. 지방언론이 나서고 경찰청 지방수사대가 공사업자들을 압수 수색했지만 그 결과는 무상사용으로 확인되었다.

동생은 그동안 공사에 들어간 폐석은 무상이지만, 앞으로의 폐석 반출은 안 된다면서 폐광을 막아 버렸다. 공덕비를 세워 주지 못할망정 무상으로 제공하는데도 욕을 먹느니 차라리 폐석을 반출하지 않는 것이 낫다는 말이었다. 나는 동생에게 일부에서 의혹 제기가 있다 하더라도 그것에 괘념치 말라고 설득하였지만 동생과 제수씨의 마음을 돌리기에는 어려웠다. 형인 나의 입장은 이해하지만 그렇게 할 수 없다며 단호하게 거부하는 동생 내외에게 감정이 깊게 상하고 말았다. 나는 곧 닥칠 우기가 오기 전에 공기를 마쳐야 한다는 절박한 생각에 동생의 결정에 아랑곳하지 않고 강제로 폐석을 이용하여 남은 구간 공사를 마무리 했다. 동생과 제수씨는 무단으로 방출한 폐석의 대금을 지불할 것을 요청해 왔고, 결국 군수인 나와 동생이 법정에 서게 된 것이다.

동생은 2004년 7월 무주군을 상대로 남대천 제방공사에 사용된 돌 값으로 18억 9,600만 원의 부당이득금 반환 청구소송을 제기했다. 동생이 소송을 제기하자 이번에는 '그러면 그렇지.' 하며 형제 간에 짜고 친 고스톱으로 매도하기 시작했다. 나는 송무 담당자에게 어떠한 경우라도 사실대로 철저히 대응하여 소송수행에 한점 의혹이 없도록 할 것을 특별 지시했다. 결국 이 소송은 무주군에서 원칙대로 대응한 결과 원고 패소 판결을 이끌어 냈지만 악의적인 루머에 의해 형제의 의를 상하게 한 송사라는 것이 지금도 마음 한구석에 앙금처럼 남아 있다.

일부에서는 당초 호안블록으로 처리하려던 제방공사를 갑작스런 설계 변경으로 폐석을 사용하기로 했다고 공격하기도 했다. 설계 변경을 한 이유가 특혜를 주기 위한 것이라는 터무니없는 이야기이다. 설계 단계에서 호안블록 대신 폐석을 이용하는 방향으로 변경한 것은 환경전문가들의 지적 때문이었다. 호안블록공법이 환경파괴를 일으킬 수 있다는 지적에 따라 친환경적인 하천공법을 고민하던 중, 폐석을 활용한 공법이 가능하다는 데 착안한 것이다. 그 폐석을 무주군 예산으로 구입하게 된다면 22억 원 이상이 소요되는 금액이다. 원래 설계대로 콘크리트 호안블록으로 공사할 경우에 소요되는 예산은 전혀 언급하지 않고, 동생 광산의 폐석을 무상으로 재활용하기 위해 설계를 변경한 것을 문제 삼는 것은 트집을 잡기 위한 억측으로 밖에 이해가 되지 않는다.

2004년, 우리나라의 대표적 습지인 창녕 우포늪의 제방승상공사에 호안블록공법을 사용한 것을 둘러싸고 현장 조사를 벌인 전문가들은

"늪 쪽 800미터 구간에 호안블록을 붙이는 것은 공학적으로 아무런 의미가 없을 뿐만 아니라 오히려 자연환경만 파괴한다."고 주장하며 문제를 제기해 호안블록이 없는 공사로 진행된 사례가 있다. 이런 사례가 있듯 폐석 재활용은 뛰어난 생각이다. 이 사업에 반대했던 사람들은 수해로 우리 무주군민들이 고생했던 지난날을 기억만 해도 다행한 일이라 생각된다.

큰 예산이 소요되는 무주군 사업으로 인해 그동안 군정에 불만을 가지고 있던 정적과 토호 세력들은 공사와 관련하여 무수한 루머로 나를 비방하기 시작했다. 사업이 있으면 으레 뒤에는 돈이 따른다는 인식하에 이 사업을 왜곡시키려고 들었다. 특혜시비와 업자와의 유착설 등 터무니없는 이야기가 난무했지만, 나는 남대천개발사업으로 고소·고발당한 사실이 없으며, 관련 사업에 있어서 그 어떤 조사를 받아도 당당하게 업무를 수행해 왔다고 자부할 수 있다. 그 이유는 다음과 같다.

첫째, 전자입찰제에 의한 공사업체 선정으로 공정한 경쟁이 가능하게 했기 때문이다. 국가계약법상 긴급복구를 요하는 수해복구공사의 경우 수의계약이 가능하지만, 군정의 철학인 '열린행정', '투명행정', '공개행정'을 위해서도 철저하게 원칙을 고수해 2001년 10월부터는 전국 군 단위 최초로 도입한 전자입찰제를 통해서 공사업체를 선정했다. 그리고 지방자치단체로서 처음으로 건설사업관리(Construction Management, CM)공법을 도입하였다. 2,000억 원이 넘는 태풍 루사(2002년)에 의한 대규모 피해에 비해 절대적으로 부족한 행정·기술 인력과 익년도 우기 전에 완공해야 하는 수해복구사업의 특성상 기획, 조사, 설계, 감리, 계약, 자재조달, 안전, 공정, 유지관리 등 건설 사업 전반에 필요한 업무를 수행하게 하는 '건설사업관리(CM)' 제도를 도입한 것이다. 그 결과 2003년 6월 30일 우기 전에 주요 공정이 준공됨으로써 2003년도 전국을 강타한 태풍 매미의 피해를 예방했고, 사업관리를 통해 예산을 절감했으며, 감사원 선정 우수기관 모범사례로 다른 지자체에 전파되기도 했다.

둘째, 나는 '우기 전 공기 완수와 완벽 시공'을 위해 수시로 남대천 공사현장을 직접 들러 상황을 확인하고, 시공 관계자 회의를 주재하며, 휴일 없는 출근으로 익년 6월 말 공사 준공을 독려하였기 때문이다. 특히, 공사 현장에서 직접 체크하면서 부실 우려가 있거나 시공이 튼튼하지 않으면 재시공을 명하였다. 공사구간마다 시공업체에 두세 번의 재시공을 요구해 시공업체 입장에서는 재시공에 들어가는 공사비가 만만찮아 늘 불만이 팽배해 있기도 했다. 관련 공사업체와 유착되어 있다면 공사비 부담이 늘어나는 재시공을 명령한다는 것은 사실상 불가능한 일이다.

셋째, 이러한 재시공에도 공기 지체상금에 대한 부담을 공사계약서에 따라 시공업체에 철저히 요구하였기 때문이다. 무엇보다 공사계약서에는 물가인상률을 반영하도록 되어 있으나 짧은 공기를 감안하여 시공업체의 요구를 거절했다. 수해복구는 몇 개월 만에 끝날 공사임에도, 1년 이상이 소요되는 공사처럼 물가인상률을 반영하는 것은 타당하지 않다. 물론 계약서에는 물가인상률을 전혀 반영하지 않았다. 지금 돌이켜보면 시공업체 입장에서 나는 가장 악질적인 사업자였는지도 모른다.

다음의 신문 기사는 내가 얼마나 열정적으로 남대천을 지켜왔는지에 대해 잘 설명해 주고 있다.

지난 달 23일 국지성 집중호우로 전북 무주군 남대천이 범람위기에 처하자 민·관·군이 합동으로 대처, 대형 참사를 막아낸 사실이 뒤늦게 알려졌다. 이 같은 사실은 지난 달 28일 김세웅 무주군수가 육군본부를 방문, 길형보 참모총장에게 당시 신속하게 병력과 장비를 지원해 준 육군에 감사의 뜻을 전함으로써 알려졌다.

당시 무주군 지역에는 하루 동안 219밀리미터라는 폭우가 쏟아졌다. 이 비로 남대천 수위가 크게 높아져 범람위기에 처한 시각은 오후 8시께. 오전부터 재해대책본부를 운영하며 지역 피해 상황 확인과 긴급복구에 대비하고 있던 무주군과 육군 35사단 무주대대에는 비상이 걸렸다.

비상발령과 함께 장병들이 미리 준비한 마대와 삽을 들고 남대천에 도착하기까지는 채 10분도 걸리지 않았다. 이어 공무원, 경찰, 민간 자원봉사자 및 자율방범대원들이 속속 도착했다. 이들은 소속과 신분은 달랐지만 남대천을 사수하자는 한마음으로 꼬박 밤을 새우며 마대를 쌓아 결국 제방을 지켜 냈다.

(≪국방일보≫, 2000년 8월 3일자)

천심은 무서워하면서 민심을 왜곡한 범법 행위에 대해서는 자성하지 않는 일부의 몰지각한 처사가 오히려 남대천을 오염시키지 않을까 두렵다.

민·관·정 합작품 낙선공작

삼인성호(三人成虎)라는 말이 있다. 세 사람이 짜고 저잣거리에 호랑이가 나타났다고 거짓말을 하면 모두 믿게 된다는 뜻으로, 거짓말이라도 여러 사람이 하면 진실처럼 믿는다는 말이다. 무주에서도 행정처분에 앙심을 품은 숙박업주와 국가정보기관 무주 담당직원, 그리고 지방언론사 무주 주재기자 등이 허위 사실을 날조, 조작하여 삼인성호 한 정치공작 사건이 있었다.

사건은 민선2기 자치단체장 선거를 두 달 앞둔 2002년 4월, 전북지역 한 일간지 사회면 톱기사로 무주군 고위공직자가 미성년자와 술을 마신 뒤 모텔에 들어가 성관계를 가졌다는 의혹을 보도하면서 비롯됐다.

성매매 운운하고 문제를 일으킨 당사자는 M모텔 숙박업주의 악의적인 모략에 의한 것이었다. 당시 M모텔은 수도요금 633만 원과 호텔 주차장 설치에 따른 농지조성비 3,366만 원을 체납한 상태였다. 무엇보다도 지방세 상습 체납금이 54건에 1억 2,181만 원을 체납하고 있었다. 결국 무주군은 이 모텔에 대해 수돗물 단수조치와 함께 관광호텔로 용도변경 허가 취소 등 지방세 상습체납자로 검찰의 요청에 의해 고발했다. 이로 인해 모텔업주는 무주군수인 나에게 극도의 적대적 앙심을 품고 입에 담지 못할 막말을 하기 시작했다.

모텔업주는 이 사건 말고도 2001년 말 건설업자들이 무주군 공무원들에게 성 상납을 했다는 내용을 수사 당국에 제보하여 검찰 수사 결과 '무혐의'로 드러나는 등 상습적으로 허위 제보를 일삼아 오던 터였다.

'미성년자 성매매 조작 사건'은 결론적으로 모텔업주가 무주군의 정당한 행정처분에 앙심을 품고 지방선거를 2달여 앞 둔 시점에서 나를 도덕적으로 함몰시켜 인신 구속을 유도하여 출마 자체를 봉쇄하기 위한 목적으로 '무주군수가 M모텔에서 미성년자와 성매매를 가졌다.'는 내용을 바탕으로 국가정보기관 무주 담당 직원과 지방신문 주재기자와 짜고 벌인 정치공작 사건이었다.

모텔업주와 국가정보기관 직원은 M모텔서 당시 성관계를 가졌다는 티켓다방 종업원에게 큰 돈을 벌게 해주겠다고 유인하여 다량의 술을 먹게 한 후 모텔업주는 국가정보기관 직원을 가리켜 "이 사람이 청와대에서 나온 사람이다." "옛날 같으면 암행어사다." 라고 속이고 국가정보기관 직원이 불러주는 대로 진술서를 받아쓰도록 강요한 다음 육성 녹음테이프와 진술서를 신문기자에게 고의적으로 교부하여 언론에 보도토록 한 사건이다.

사건의 핵심은 중심인물인 티켓다방 종업원의 육성 녹음과 진술서가 모텔업주와 국가정보기관 직원의 회유, 그리고 거액의 사례금 지급 약속에 의해 작성됐다는 사실이다. 다방 종업원은 검찰 수사나 법정에서 진술서 작성 당시 무주군수가 누군지도 모르는 상태에서 모텔업주가 시키는 대로 인상착의를 설명하자 "그럼 그 사람이 무주군수다." 라고 말해 그런 줄 알았으며, 당시 자신의 신분을 속이기 위해 청와대에서 나왔다고 이야기한 국가정보기관 직원이 불러주는 대로 진술서를 썼다고 밝힌 바 있다. 그리고 당시 안내해 준 여자와 함께 현금 30만 원씩 60만 원을 받았으며, 모텔업주와 국가정보기관 직원은 "일이 잘 되면 큰 돈을 줄 테니 오늘 여기서 있었던 일은 아무에게도 말하지 말라." 는 부탁을 한 사실도 밝혔다.

사건이 신문에 보도된 후 2002년 4월 15일 나와 티켓다방 종업원이 전주 소재 K변호사 사무실에서 사진대조와 실물대질을 통해 자신과 성관계를 했다는 무주군수가 실제 무주군수가 아닌 사실이 공증 과정에서 확연하게 밝혀지자, 국가정보기관 직원과 보도기자, 숙박업주 모두 당황하기 시작했다.

이들은 같은 해 4월 16일 밤 10시경 진실을 은폐할 목적으로 다방 종업원이 일하는 경상북도 상주 소재 업소로 찾아가 만나게 해달라고 수차례 요구하다 끝내 다방 종업원이 만나주지 않자 그녀를 소개한 직업소개소 직원을 시켜 다방 종업원과 그녀의 어머니에게 "무주군수로부터 2,000만 원을 받아먹고 거짓말을 했으니 곧 구속될 것"이라는 협박을 했다. 또한, 적반하장으로 다방 종업원의 공증내용이 무주군수의 회유와 협박에 의한 번복인 것으로 주장하고 보도케 한 사실은 이들이 사건 초기 단계에서부터 공모했다는 명백한 증거였다.

더군다나 이들은 전주소재 변호사 단체에 무주군수 성매매사건에 대해 성명서 발표를 권유하고, MBC-TV의 PD수첩 프로그램 제작진에 날조된 녹음테이프와 진술서를 보내 취재 요청과 i-TV 등에 보도를 요청하여 방송사 취재진이 무주군청을 방문한 사실이 있으나 결국 조작된 사건임을 눈치 채고 방송 취재진이 중도에 취재를 포기하고 철수한 적이 있다.

무엇보다 나는 청와대를 사칭한 자가 국가정보기관 무주 담당 직원일 것이라는 심증을 갖고 같은 해 4월 18일 오후 1시 30분경 전주 C호텔 13층 스카이라운지를 약속장소로 정하고 문제의 다방 종업원을 사전에 손님인 것처럼 대기시켜 놓았다. 그리고 국가정보기관 직원을 데리고 13층 스카이라운지로 이동하는 중 미성년자 성매매 조작 사건에 대해 언급하자 "요즘 같은 세상에 누가 그런 짓을 하겠습니까?"라고 오히려 분개하기도 하였다.

나는 대기하고 있던 다방 종업원을 불러 즉석 대질을 통하여 청와대에서 나왔다고 사칭한 사람이 국가정보기관 무주 담당 직원이라는 사실을 처음으로 현장에서 확인했다. 이때 내가 극도로 흥분한 상태에서 국가정보기관 정치공작으로 무주군수는 망하게 되었으니 명예회복 대책을 내놓으라고 강력히 추궁하자 무주 담당 B 모 사무관은 몹시 당황하면서 "저희 상부하고 얘기하시고, 제가 대답할 사항이 아닙니다."라고 밝혔다. 그리고 그는 상부와 전화 연결을 몇 차례 시도하면서, "저 같은 쫄따구에게 말씀하시지 말고, 윗사람들과 상의를 해 주십시오."라며 전화연결을 수차 반복한 사실이 있었다.

더욱 충격적인 사실은 2005년 3월 22일 전주지방법원에서 열린 모텔 업주에 대한 공판에 증인으로 출석한 국가정보기관 B 모 사무관의 증언에 따르면 "2002년 1, 2월경 모텔업주로부터 무주군수와 성관계를 한 여자를 찾을 수 있을 것 같다는 이야기를 듣고 서면으로 상부에 보고를 하였더니 정보처장으로부터 그 사실에 대하여 계속 추적하라는 지시를 받았다고 밝혔다. 그후 그는 3월 15일 녹음테이프와 진술서를 토대로 서면으로 상부에 보고하여 당시 국가정보기관 최고사령탑까지 보고되었다." 이 증언만 보더라도 국가정보기관 차원에서 조직적으로 개입하고 공작한 사건임이 낱낱이 드러났다.

나는 사건 발생 당시 모텔 업주와 국가정보기관 무주 담당 직원, 이를 지시한 국가정보기관의 상부 직원, 보도기자 등 5명을 허위사실에 의한 명예훼손과 직권남용, 국가정보기관법 위반, 공직선거 및 선거부정방지법 위반 혐의로 고소하였다. 그러나 검찰청에서는 부인할 수 없는 명백한 증거에도 불구하고 이들 5명을 모두 '무혐의' 처분했다.

이에 불복하여 즉시 고등검찰청과 대검찰청에 항고와 재항고를 거듭한 끝에 대검찰청으로부터 단일 형사사건으로 유례가 드물게 두 번에 걸친 사실상 기소의견으로 재기수사명령을 받아 냈지만 국가정보기관을 의식한 소극적 수사로 일관함으로써 깃털이자 하수인에 불과했던 모텔업주만을 불구속 기소하였다. 불구속 상태에서 재판을 받던 모텔업주는 결국 "죄질이 매우 불량하고 악의적이며 도주 우려가 있다."는 이유로 법정 구속되어 1년여 간 교도소에 수감 중 보석으로 풀려난 상태에서 징역 1년에 집행유예 3년, 사회봉사명령 120시간, 보호관찰 3년의 중형선고를 1심 판결로 받았다.

그러나 몸통격인 국가정보기관의 상부 지시자에 대해서는 한 번도 소환 조사를 하지 않는 등 국가정보기관 직원들에 대한 '혐의 없음' 처분을 하여 3번째로 항고 및 재항고를 하였지만 결국 기각당하고 현재 헌법재판소에 헌법소원 심판 청구를 하여 심판에 회부 중에 있다.

나는 국가정보기관을 상대로 명예훼손 손해배상금 10억 원, 이를 보도한 신문사와 모텔업주 등 관련자에 대해서도 명예훼손 손해배상금 10억 원 등 총 20억 원의 손해배상소송을 전주지방법원에 냈다. 손해배상소송은 형사소송과 함께 파렴치한 정치공작 범죄를 뿌리 뽑기 위한 사법투쟁이자, 풀뿌리 민주주의의 근간을 지키기 위한 재발방지 투쟁이다. 손해배상금으로 얼마가 판결될지 모르지만 사이비 지방언론과 국가권력, 그리고 지방자치단체의 정당한 행정처분에 앙심을 품고 해코지한 범죄로부터 피해를 본 사람들을 구제하기 위하여 건강한 NGO단체에 손해배상금 전액을 기부할 예정이다. 또한, 나는 이 사건과 관련하여 제도적인 재발방지대책을 강구하기 위하여 '국가정보기관 정치공작 사건에 대한 탄원서'라는 제목으로 국회와 여·야 각 정당에 탄원서를 보내 국정조사를 요구하고 청와대와 관계기관, 그리고 같은 당 소속 지역구 국회의원에게도 수차에 걸쳐 탄원서를 보냈지만 묵묵부답이었다.

상식적으로 이해할 수 없는 것은 대한민국 어느 지역구를 막론하고 당원이 아닌 일반주민이라도 지역구 국회의원에게 억울함을 호소하면 나서서 알아봐 주고 억울함을 해결해 주기 위해서 노력하는 것이 일반적인데, 이 사건의 경우는 같은 당 소속이자 자신의 지역구에 있는 현역 지방자치 단체장이 국가정보기관으로부터 정치공작을 당하여 지역이 온통 시끄러운데도 진상규명을 위한 노력은커녕, 사건 발생 4년이 지나도록 침묵으로만 일관하고 있는 이유가 무엇인지 참으로 알 수가 없다.

이제 이 사건의 정치공작을 사주한 최종 배후인물이 누구인지, 몸통을 국민 앞에 밝혀야 한다. 이것은 지방자치 단체장인 무주군수 개인의 문제로 치부되어서는 안 된다. 풀뿌리 민주주의의 근간인 지방자치와 민주주의에 대한 도전이기 때문이다. 그리고 한 개인의 인권과 존엄성을 국가권력이 유린한 파렴치한 정치공작사건이기 때문이다. 이 사건은 특별 권력 관계의 최상층에 위치한 국가정보기관이 권력과 지위를 이용해 본분을 망각한 불법, 탈법, 부당한 행위였음이 명백하게 드러났다.

누구의 힘이 국가권력을 이 사건에 끌어들였는지 아직 알 수 없지만, 지방자치단체의 정당한 행정처분에 앙심을 품은 숙박업주가 꾸며 낸 자작극에 국가정보기관 무주담당 B 모 사무관과 지방언론, 그리고 관치시대에 관선군수를 좌지우지하며 이권을 독점했던 기득권 토호 세력들의 고약한 불만이 배후에서 은밀한 작용을 통하여 만들어 낸 민·관·정 합작품으로 이 사건을 규정한다.

"죄 없는 자가 돌로 쳐라."는 성서의 말씀이 생각난다. 어느 시대, 어느 역사, 어느 지역을 막론하고 음해모략·청부·교사 등 해코지가 만든 억울함은 수없이 많았다. 해코지로부터 살아남는 비결은 자기관리를 엄격히 하여 스스로 죄 없는 자가 되는 수밖에 달리 무슨 방법이 있겠는가?

선과 악이 모두 나의 스승이었다

논어에 '선과 악이 모두 나의 스승'이라는 말이 있다. 일반적 사고에서 볼 때 선(善)은 스승이 될 수 있을지 몰라도 악(惡)이 스승이 될 수 없다는 개념이 지배적이다. 그러나 어둠이 없으면 빛도 있을 수 없는 것처럼 악이 없는 선이 존재할 수 없다고 성현들은 가르치고 있다. 이러한 가르침이 바로 선과 악이 모두 나의 스승이라는 선악개오사(善惡皆吾師)라는 가르침이다.

나는 성현들의 이런 가르침처럼 분명하게 악(惡)도 스승이 될 수 있다는 것을 깨닫게 되었다. 통상적으로 깨달음을 이야기 할 때 깊은 산속에서 수도승들이나 하는 것이 깨달음이라고 생각한다. 그러나 진정한 깨달음은 잠을 자면서도 깨닫는 것이고, 숨을 쉬면서도 깨달는, 즉 우리의 일상 속에서 깨닫는 것이 진정한 깨달음이라는 것이다. 평상에서 이루어지는 깨달음에 모두가 성불공자가 될 수 있다는 평범한 진리는 내 삶에 있어 새로운 좌표를 설정해 주었다.

지난 민선지방자치 10여 년의 세월은 나에게는 영욕으로 점철된 시련과 상처와 영광으로 얼룩진 시간이었다. 10년 동안 악령처럼 따라다닌 재정파탄설, 뇌물수수설, 성매매설 등 이루 말할 수 없는 무수한 악성루머와 음해, 모략에 시달려야 했다.

이뿐만이 아니었다. 심지어는 지인이 공장을 차려도 군수의 것이라 했고 친구가 아파트를 사도 내 것으로 둔갑했다. 해외로 떠난 전직 비서실장과 잠시 연수를 다녀온 아들을 통해 거액의 자금을 해외로 빼돌렸다는 허위제보에 의해 사정기관으로부터 강도 높은 내사를 받기까지 했다.

변화와 혁신에 사사건건 발목을 잡았던 토호와 수구 세력들은 수사기관과 정보기관 등 언론과 국가권력을 자기들의 입맛대로 활용하기 위하여 온갖 인맥을 다 동원하여 내사와 수사를 유도하고 구속을 꾀하였다. 악의적으로 날조된 사실을 '카더라 통신'으로 발전시켜 평소 관리하던 언론이 이에 장단을 맞추고 춤을 춤으로써 건강한 민의가 왜곡되고 지방자치 발전을 저해할 뿐만 아니라 풀뿌리 민주주의 근간을 마구 흔들어 대곤 했다.

나는 이로 인해 심한 우울증에 시달리기도 했다. 한때는 공직자로서 명예도, 군민들에게 낙후의 한을 풀어 주겠다는 약속도 모두 귀찮아지는 무기력증에 빠지기도 했다. 무심히 창 밖을 응시하는 시간도 많아졌다. 천주교 신자였지만 1년여 동안 불교 서적에 심취한 적도 있다. 군수직을 버리고 미얀마나 티베트로 떠나고 싶은 일념에 빠져 한때는 출가를 고민한 적도 있었다. 만신창이가 되어버린 이름 석 자에 한없는 분노와 억울함을 느낀 나머지, 모든 것을 벗어던지고 나를 짓누르고 있던 짐을 내려놓고 싶었다. 심지어는 3층 집무실에서 뛰어내리고 싶은 충동을 울컥 울컥 느낀 적도 한두 번이 아니었다.

그러나 언제부터인가 믿어지지 않을 만큼 수없이 찢기고 할퀴어진 나의 아픈 상흔들이 눈 녹듯 녹아 내리고 비온 뒤에 땅이 더 굳어지듯 나의 의지와 신념이 더 강하고 새롭게 불타올랐다. 조개가 자신의 아픈 상처를 체액으로 감싸 영롱한 진주를 만들어 내듯이 나는 오히려 이러한 반대세력들을 반면교사로 삼았다.

돌다리도 두드려 보고 건넌다는 심정으로 매사에 긴장감을 늦추지 않고 지역발전을 위해 더 많은 땀을 쏟아 부었다. 아놀드 토인비의 말처럼 문명국의 쇠퇴원인은 외부의 침입에 의한 것이 아니라 나태

함에서 기인한다는 지적을 되새기며 나태해지거나 나약해지지 않고 해코지에 굴복하지 않기 위해 내 자신을 스스로 채찍질하며, 자랑스러운 무주 만들기에 전력투구했다.

가혹하리만치 혹독한 시련의 결과일까? 지구촌 179개국 7,000만 태권도인들의 꿈의 성지가 될 국립태권도공원을 유치해 냈고 바로 이어 한류관광의 포스트 역할을 하게 될 관광레저형 기업도시를 유치해 냈다. 두 개의 국책사업을 연이어 유치함으로써 낙후의 한을 풀겠다는 군민들과의 약속을 지켜냈다.

또, 행정부문에 있어서는 행정자치부에서 지방자치 10년만에 처음으로 전국 250개 광역 및 기초 자치단체를 대상으로 한 지방 행정 혁신 평가에서 무주군을 '최우수 기관'으로 선정하여 영예의 대통령상 수상과 함께 15억 원의 인센티브를 받는 쾌거를 일궈 냈다. 무주군의 뼈를 깎는 행정혁신 능력을 중앙정부로부터 입증 받은 것이다.

결과적으로는 선과 악이 모두 나의 스승이 되었다. 11년 동안 나를 괴롭혔던 모든 악행을 반면교사로 삼아 고난과 역경을 군정의 이로움으로 돌려놓았다.

하지만 많은 아쉬움도 남았다. 나의 열정과 역량을 지역발전과 주민들의 복리증진을 위해 다 쏟아 붓지 못한 아쉬움이 있다. 사실 내 역량의 상당부분이 반대세력에 발목 잡혀 탕진되었기 때문이다. 만약 나의 역량과 역할이 더 올바르고 생산적인 쪽으로 집중되었다면 더 많은 변화와 성과를 이끌어 내지 않았을까 하는 생각이 든다.

　나의 경험을 통해 굳이 한마디 더 덧붙인다면 리더일수록 공사를 막론하고 약점을 만들지 말아야 한다. 그리고 매사에 솔선수범해야 한다.

8

시련과 좌절,
그리고 사랑과 희망

시련은 있어도 좌절은 없었다

　　　　　　　　　　　　　　　　나는 열두 남매 중 열한 번째로 태어났다.
지금은 8남매가 살아있지만 많은 형제들 틈에서 어렵게 성장을 했다.
그 시절에 형제가 많다는 것은 기본적인 의식주 문제를 해결하는 것
조차 어렵고 힘든 일이었기 때문이었다. 이처럼 가난에 쪼들리고 없
이 살던 시절, 많은 형제들을 뒷바라지하던 어머님의 마음은 오죽했
을까. 나는 가끔씩 우물가에서 아무런 시선 없이 하늘을 응시하며 긴
한 숨을 토해 내시는 어머니의 뒷모습을 볼 수 있었다.

　　어머니는 평생을 자식 낳아서 기르는 데 자신의 인생을 헌신해 오
신 분이다. 열일곱 살에 시집와서 그 많은 자식을 낳아 먹이고 입히
고 가르치는 일만 하셨으니 자신의 인생을 사신 분이 아니라 자식들

의 인생을 위해 헌신으로만 일관하신 분이셨다. 부모님은 별도로 여행을 다니시거나 개인적인 즐거움이나 자신들을 위해서 사신 적이 없었다. 오직 농사일 하나만을 가지고 자식들 뒷바라지하고 그렇게 평생을 사셨던 분들이시다. 자식을 둘 낳아 뒷바라지하고 있는 지금에서야 그때 어머니와 아버지 마음을 이해할 수 있을 것 같다.

나의 어린 시절은 가난했기에 끼니를 걱정할 수밖에 없었다. 옛날 어른들께서 말씀하시는 "이 고개 저 고개 다 넘어봤지만 그만한 고개는 없더라."는 말처럼 보릿고개와 배고픔의 설움을 나는 진하게 느끼면서 살아야만 했다. 부모님 또한 자식들을 배불리 마음껏 먹이지 못하는 것이 늘 한이셨던 것 같다.

우리 가족들은 겨울이면 동치미 국물과 고구마로 끼니를 때우기가 일쑤였다. 없는 살림에 어쩔 수 없는 일이었지만 나는 푸념 한 번 하지 않고 오히려 감사를 드렸다. 지금도 어머니께서 쪄 주셨던 그 고구마 맛을 잊을 수가 없다. 어머니의 포근한 맛을 느껴 보려고 길가에서 파는 군고구마를 사서 먹어도 봤지만 예전의 그 맛은 어디에서도 찾아볼 수가 없다.

부모님은 농사가 천직이었다. 목돈 나오는 누에고치 농사와 담배 농사가 주업이라 겨울이면 지게지고 형제들과 온 가족이 나무를 하러 다닌 기억이 지금도 생생하다. 단순한 땔감이 아니라 여름에 담배 건조실에 땔 연료를 확보하기 위해서 온 가족이 소 달구지를 끌고 산으로 다녀야만 했다. 그러다가 군 산림계직원이나 영림서 직원을 만나면 톱은 물론, 지게도 뺏겼던 숨바꼭질 속에서도 삶을 위해 땔감을 확보해야만 했다.

　형제가 많은 우리 가정에 부모님은 늘 자식들의 학비가 걱정이었다. 학비를 지정된 날짜에 내지 못해 집으로 쫓겨 오는 자식들을 보면서 마음 아파하는 부모님 얼굴을 나는 지금도 생생하게 기억한다. 가정 형편이 어려워 중·고등학교에 다니고 있는 형들이 제 때에 수업료를 납부하지 못해 교무실에 불려가는 일이 다반사였다. 담배농사는 전 식구가 매달리는 1년 농사였지만 수확의 기쁨을 누려야 할 담배수매 날이 썩 좋은 날만은 아니었다. 수매에서 좋은 등급을 받았지만 아버님의 수중에는 돈이 한 푼도 없었기 때문이다. 형들의 학비 때문에 빌린 돈을 조합에 우선적으로 변제하고 나면 빈 소 달구지만 끌고 터벅터벅 집으로 돌아오시는 일이 태반이었다. 그냥 허전한 마음을 달랠 길 없어 막걸리를 들이키시고 긴 한숨만 몰아쉬면서 들어오시는 아버지의 모습이 지금도 기억 속에 생생하다.

　아버지는 내가 6학년 졸업을 앞둔 어느 날 나를 부르시더니 이렇게 말씀하셨다. "세웅아, 가정 형편이 어려우니 너는 중학교에 가지 말고 기술이나 배우면 어떻겠냐?" 하시는 것이었다. 그런데 차마 "아버지, 안됩니다. 저도 중학교에 보내주십시오." 라는 말이 입 밖으로 나오지 않았다. 어려운 가정형편을 누구보다도 잘 알고 있는 나로서는 중학교에 보내 달라고 할 수가 없었기 때문이었다. 학교에 가고 싶은 마음에 나는 기술을 배워 학비를 마련하겠다고 결심했다. 내가 처음 기술을 배우기 위해 취직한 곳이 목공소였다. 목공소를 다니면서 가장 마음 아픈 것은 교복을 입고 학교에 다니는 친구들과 마주치는 것이었다. 먼발치에서 친구들이 교복을 입고 다니는 것을 보면 너무나 부러웠다. 나도 저 친구들처럼 학교에 가야겠다는 마음뿐이었다.

나는 목공소 일을 하면서도 돈을 빨리 벌 요량으로 여름에는 아이스케키 장사, 겨울에는 찹쌀떡 장사 등 안해본 일이 없었다. 신문 배달은 돈이 되는 듯 보여 조·석간으로 신문을 돌리기로 했다. 나는 신문 배달을 하면서 매달 주는 200원의 월급을 우체국 정기예금을 들어 매월 꼬박꼬박 저금했다. 기다란 정기예금 통장에 예금도장 숫자가 늘어갈 수록 나의 꿈도 커져만 갔다. 나는 중학교에 갈 수 있다는 희망을 갖고 열심히 신문을 돌렸다. 1년을 배달했지만 입학금의 절반밖에 되지 않아 1년을 더 배달을 해야만 했다. 꼬박 2년간 신문배달을 했고 나는 꿈을 이루게 됐다. 통장에서 돈을 찾아 제일 먼저 교복을 맞췄다. 벽에 걸린 교복을 쳐다보며 입었다 벗었다를 수없이 반복했다. 나는 세상에 부러울 것이 하나도 없었다.

2년이나 늦게 입학한 중학생활에서도 나의 고학생활은 계속되었다. 아버님의 학비 부담을 기대할 수 없었고, 그렇다고 내가 선택하고 결정한 학업의 길이라 포기할 수도 없었다. 나의 주경야독하는 생활은 계속됐다. 아침 저녁으로 신문 돌리기를 계속했고, 남들에 비해 어렵게 시작한 만큼 나는 몇 배나 더 열심히 학교생활을 했다. 이런 나의 열정 때문이었는지 교내 학생들은 나를 따랐고 전교 학생회장에 선출되기도 했다.

나의 중학시절은 내 인생을 내가 스스로 개척했다는데 큰 의미를 부여할 수 있다. 어린 나이였지만 목표를 설정했고 그 목표를 달성하기 위해 최선을 다해야 한다는 것을 나는 직접 경험을 통해 터득했다. 나는 중학교 교실 앞에 붙어있던 교훈을 지금도 잊지 못하고 있다. '끝도 시작같이, 남도 나와 같이, 속도 겉과 같이'를 실천한다면 내가 꿈꾸는 세상을 능히 만들 수 있을 것 같았기 때문이었다.

내가 중학교를 졸업하고 고등학교 진학을 고민하고 있을 때 엎친데 덮친 격으로 나를 가장 사랑해 주셨고 든든한 후원자이셨던 어머니가 병석에서 끝내 돌아가셨다. 하늘이 무너져 내리는 아픔이 가슴을 짓눌렀지만 나는 눈물을 머금고 어머님 영전에 맹세를 했다. '열심히 공부해서 가난 없는 세상을 만들겠다.'고 마음에 새기고 이를 악물었다. 어머니가 돌아가신 후 가정형편은 초등학교 졸업시절보다 더 어려워졌다. 고등학교 진학을 생각할 입장은 더더구나 아니었다. 나는 돌아가신 어머니와의 약속을 지키기 위해 고등학교 진학을 위해 무작정 전주로 나갔다. 당시 전주 팔복동에 공단이 조성될 무렵이라 전주제지 신축현장에서 모래, 자갈 질통을 짊어지고 막노동을 시작했다. 코피를 쏟은 적이 한두 번이 아니었다. 생각한 만큼 돈이 모아지지 않아 고심을 하던 중 선배 하나가 택시운전을 하면 빨리 돈을 벌 수 있다고 하여 막노동을 해서 번 돈으로 자동차 운전학원에 등록을 하고 운전을 배우기 시작했다.

마침내 운전면허를 땄지만 운전경력이 없다는 이유로 택시회사에 취직할 수 없었다. '꿩 대신 닭'이라고 버스회사 승무원으로 취직했다. 버스운전을 배울 수 있을까 해서 취직했지만 운전대 잡아 보는 것은 언감생심이었고 고작 하는 일이란 승객들의 짐을 다루고 펑크난 타이어를 갈아 끼우는 일이었다. 버스 승무원 생활을 하면서도 틈나는 시간에 책을 보았지만 날이 갈수록 별다른 비전이 보이질 않았다. 이 일은 내가 오래 할 일이 아니라는 결론을 내리고 대학입시 검정고시를 준비해야겠다는 생각에 쌀 서 말과 책을 싸서 적상산에 있는 암자로 들어갔다. 그러나 암자에서의 공부도 나의 뜻처럼 되지 않았다. 결국 검정고시를 포기하고 무작정 부산으로 내려가 사상공단 공장 노동자로 취직했다. 그러나 사회는 내가 생각하고 꿈꾸어 왔던 그런 사회가 아니었다. 정의보다는 불의가 판을 치고 있었고 착취와 모순투성이의 사회구조는 젊은 혈기의 나를 가만히 놔두지 않았다. 나의 젊은 피는 끓어올랐고 마침내 비틀어진 사회구조를 바로잡아 보겠다고 결심했다. 어릴 적 집 옆의 놀이터였던 자유당 무주군당 사무실에서 자주 보고 들었던 정치선전 구호들은 지금도 기억에 생생하고 잠재의식으로 남아있었다. "배고파서 못살겠다," "다시 찍어 살길 찾자."

어린 나이였지만 이 다음에 크면 꼭 하고 싶은 일로 강하게 기억에 남아 있었다. 모든 사람들이 잘 먹고 잘살 수 있도록 하겠다고 시작한 정치에 대한 나의 생각은 45년이 훨씬 지난 지금에도 변함이 없다.

나의 지난날은 이렇게 내세울 것이 하나 없는 가난과 고난의 연속이었다. 학업을 중도에 포기해야 할 수밖에 없는 가정 형편에다 내 운명 또한 사소한 일로 꿈을 접어야만 하는 험난한 길이었다. 그러나 지금 생각해 보면 이러한 나의 운명은 나를 더 튼튼하게 단련시켰는지 모른다. 무주를 가리켜 너무나 깊은 산골이라 울고 왔다가 울고 떠난다는 옛말이 있는 것처럼 자연에서 삶의 지혜와 인내와 고난을 배우게 한 부모님께 한없는 고마움을 느낀다. 그리고 신문배달, 막노동, 버스 승무원, 부산 사상공단에서 공장 노동자로서의 다양한 나의 고단한 생활들이 내 삶에 있어 많은 교훈이 되었다. "CEO는 몸을 낮추고 조직 밑바닥에서 들리는 목소리에 귀를 기울여야 한다."라고 했던 제너럴 일렉트릭(GE)사의 잭 웰치 전 회장처럼 나는 일찍이 체득한 경험을 토대로 실천하려고 한다.

무엇보다 나에게 배움이라는 열정이 없었다면 고난과 역경을 극복하지 못했을 것이다. 가난은 불행이 아니고 다만 불편하다는 말처럼, 지나고 나면 한때의 그 고난도 다 추억으로 아름답게 기억되기 마련이다. 가난하다고 해서 가난 때문에 비관하고 자기 의지를 꺾는다면 그 어떠한 일도 해낼 수 없다. 노력과 의지가 있을 때만이 결과를 기대할 수 있기 때문이다.

나는 가난한 집안형편으로 정규 학교라고는 중학교를 졸업한 게 전부다. 그 이후 독학으로 방송통신고등학교와 방송통신대학을 마치고 전북도의원과 무주군수로 재직하면서 지방자치와 지방행정에 대한 전문적인 지식을 습득하였다. 지방자치행정에 실질적인 도움이 되게 하기 위해 공부한 것이 한양대학교에서 행정학 박사학위를 받게 되었다.

삶은 스스로 개척하고자 하는 자의 의지에 달려 있다. 어려움이란 누구에게나 다 있다. 그 어려움을 어떻게 극복하고 자신의 의지대로 미래를 열어 가느냐가 중요한 것이다.

비전은 고난과 역경을 뛰어넘었다

        나는 살아가면서 항상 아내에게는 죄인이요, 미안한 마음 뿐이다. 무엇보다 어려운 생활 속에서 묵묵히 견디어 왔으며, 내게 삶의 의욕을 되찾게 해 준 아내이기 때문이다. 결혼 후 아내의 생활이란 어느 한순간 편안한 날이 없었던 것 같다. 혈기 왕성한 20대 중반에 만나 어느덧 삼십 년이 다 되어가는 삶 동안에 웃음보다는 눈물이, 행복보다는 고난이 더 많았던 그런 삶을 살아오면서도 단 한 번도 좌절하거나 슬퍼하지 않고 속으로 울음을 삼켜 오면서 가정의 든든한 주춧돌이 되어 주었기 때문이다.

        결혼 후 아내와 함께 시작한 식당일은 잘 되었다. 그러나 내가 당시 군사정부에 저항해 민주화운동을 한다고 뛰어다니면서 숱한 고초와 삶의 어려움을 겪어야만 했다. 아내는 식당일을 하면서도 장사보다는 정치적 탄압과 박해에 더 많은 신경을 써야 했다.

5·18 광주민주화운동이 일어나자 나는 광주의 학살만행을 신랄하게 비판했다. 박정희 유신독재시절부터 비판적이었던 나는 무주지방에서 빨갱이로 낙인 찍혀 요주의 인물이 되어 있었다. 나와 자주 어울리던 사람들조차 나를 빨갱이로 매도했다. 군인의 정치 참여 부분은 누구든지 비판할 수 있는 사안이었음에도 혹 자신과 가족들에게 피해가 가지 않을까하는 염려에서 의도적으로 나를 경계하고 전두환 군부독재정권을 비호하고 나섰다. 당시 지역에서 말마디 꽤나 하는 사람들은 대부분 민정당에 관여하고 있었으니 바른 말을 하는 나와는 성향적으로 잘 어울릴 수 없는 입장이기도 했다. 이러한 나를 경찰 등 정보기관에서 가만두지 않은 것은 당연한 일이었다.

1985년 김대중 선생께서 미국 망명길을 청산하고 귀국한 뒤 가택연금에서 막 풀려나셨을 때의 일이다. 김대중 선생은 가택연금 해제후 첫 나들이로 무주를 방문했다. 당시 나는 김대중 선생과 각별한 인연이 있던 터라 아내가 운영하고 있던 식당으로 모셨다. 김대중 선생께서 우리 집 식당에서 식사를 한다는 소문을 듣고 무주읍내는 물론, 인근 지역에서 지지자들이 몰려들었다. 우리 집은 순식간에 인산 인해를 이뤄 발 디딜 틈이 없었다. 김대중 선생은 몰려든 지지자들에 게 답례로 우리 집 앞마당에서 즉석연설을 했다. 당시 김대중 선생 측근으로 분류되면 모두 빨갱이로 몰리던 시절인지라 자택 방문에 연설까지 했으니 나는 영락없이 빨갱이가 되어 버렸다.

김대중 선생께서 우리 집을 떠난 직후부터 나는 요주의 인물에서 특별한 요시찰 대상이 됐고 온갖 박해와 탄압이 본격적으로 시작됐 다. 장날이면 주민접촉을 차단했고 시국이 조금만 불안하면 가택연 금은 말할 것도 없고 무주를 벗어나려면 가옥검문소에서 바리게이트 를 쳐 놓고 버스에 탄 나를 강제로 연행해 갔다. 아예 정보과 형사들 이 우리 집에서 숙식을 해결할 정도였으니 나의 사생활이란 생각조 차 할 수 없었다. 사상과 인습의 차이로 치부하고 암울한 시절의 퇴 색된 이야기로 들릴지 모르지만 당시의 현실은 너무나 가혹했다.

그렇다고 심지를 굽힐 내가 아니었다. 매년 무주구천동 덕유대 야 영장에서 전국에서 모여든 전두환 민정당 평생동지회가 열릴 때쯤이 면 나는 군부독재를 반대하는 대자보와 플랜카드, 유인물을 제작해 서 부착하고 배포하는 일을 도맡아 했다. 그렇지 않아도 김대중 선생 의 자택방문으로 이미 빨갱이라는 빨간 딱지가 붙은 나는 무주에서 없어져야 할 축출대상 1호였다. 민정당 평생동지회가 열리기 보름 전부터는 정보과 형사들이 진을 치고 집에서 꼼짝을 하지 못하게 가택연금을 시키는가 하면 어떨 때는 수갑을 채워 속초로, 부산으로 영장도 없이 납치를 한 후 민정당 평생동지회가 끝나야 집으로 풀어주는 일이 다반사였다. 나를 감시하던 정보기관과 정보과 형사들로서는 상부로부터 시말서나 질책을 안 받고 후환이 없도록 하기 위해서는 눈엣가시가 된 나를 하루라도 빨리 무주에서 떠나보내야만 했다.

나에 대한 박해와 탄압의 강도는 날이 갈수록 더해졌다. 아내가 하는 식당 손님은 하루가 다르게 줄어들었고 결국 식당은 폐업 위기에 처했다. 식당경영이 악화된 상태에서 난데없이 전주지방법원으로부터 강제경매 통지서가 날아들었다. 신용조합으로부터 대출받은 200만 원을 문제 삼아 강제경매를 신청한 것이었다. 당시 대출을 담당했던 신용조합 상무는 정보기관원들이 조합 이사장을 만나고 간 뒤에 일어난 일이라 자세히는 알 수 없지만 참고만 하라며 조심스럽게 귀띔해 주었다. 나의 탯자리이자 부모로부터 물려받은 집인지라 경매처분이 되면 안 된다며 친지들의 도움으로 위기를 넘겼지만 사체업자에게 빌린 300만 원이 또 문제가 되어 법원으로부터 경매통지서가 또 날아들었다. 확인해 본 결과 똑같은 방법으로 정보기관의 압력이 원치 않는 경매신청을 하게 만들은 것이었다. 사채업자의 선처로 가까스로 위기를 모면하는가 했더니 이번에는 무주축협에서 대출금 300만 원에 경매신청을 하여 손쓸 겨를도 없이 1차 경매에서 1,020만 원에 집이 넘어가고 말았다.

하루아침에 나와 내 가족의 보금자리는 정보기관의 공작에 의해 송두리째 빼앗겨 버린 것이다.

순식간에 정들었던 모든 세간에 빨간 압류딱지가 붙여졌다. 건진 것이라고는 보잘것없는 가재도구와 이불 보따리와 책 보따리 하나뿐이었다. 가장 가슴 아팠던 것은 어린 두 아들이 가장 애지중지하던 TV를 집달관이 끌어내자 매달려 울부짖으며 나뒹구는 모습은 차마 눈뜨고 볼 수 없는 한 맺힌 광경이었다.

나는 졸지에 집을 빼앗기고 거리로 나 앉는 신세가 되어 버렸고 손수레 하나에 이불보따리와 가재도구를 싣고 비통한 심정으로 눈물을 삼키며 부엌도 없는 단칸방에 가족들의 몸을 맡겼다. 그러나 나에 대한 박해와 탄압은 여기에서 그치지 않았다.

당시 박종철 고문치사사건이 발생했다. 나는 이를 두고 볼 수 없어 그 와중에도 단칸방 유리창에 사건의 진상을 알리는 대자보를 붙였다. 정보과 형사들은 내가 대자보를 붙이면 떼어내고 그 자리에 페인

트칠을 하는 등 온갖 탄압행위를 저질렀고, 가택연금과 연행이 밥 먹듯이 이루어졌다. 이를 보다 못한 집주인은 결국 나에게 집을 나가라고 했고 나는 또다시 거리에 나앉게 되었다. 무주에서 내가 갈 곳은 아무데도 없었다. 요주의 인물로 찍혀 우리 가족에게 방을 빌려줄 사람은 아무도 없었다. 어쩔 수 없이 나와 내 가족은 무주를 벗어날 수밖에 없었다. 네 식구가 비바람을 피할 곳을 찾다가 무주에서 20여 분 거리에 있는 충북 영동군 앞치저수지 옆 외딴집으로 이사를 하게 됐다.

그래도 앞치저수지에서의 나의 생활은 어떻게 보면 새로운 출발이었다. 저수지로 낚시를 온 낚시꾼들이 소득원이 됐고, 여유랄 것도 없지만 편안한 마음의 안식을 느낄 수 있는 여유도 생겼다. 아내는 "낚시꾼들에게 라면을 끓여서라도 당신 뒷바라지를 할 테니 절대 기죽지 말라."고 나를 오히려 격려했다.

아내는 나에게 부엌만 있으면 매운탕도 끓여 팔고, 라면도 끓여 팔 테니 당신은 부엌만 하나 만들어 주고 당신의 꿈을 위해 하고싶은 대로 해보라며 나의 용기를 북돋아 주었다. 아내의 부탁대로 부엌을 만들기 위해 처음 쌓아보는 벽돌이었지만 희망을 쌓아가고 있다는 심정으로 한 칸 한 칸 벽돌을 쌓아 올렸다. 거의 벽돌이 다 쌓아질 무렵 정체불명의 중장년들이 나타나 다짜고짜 "어디서 굴러들어온 빨갱이

자식이 어디 와서 의식화 교육장을 만들고 지랄이냐." 며 아내와 함께 하루 종일 공들여 쌓아 올린 블록 벽을 와그르르 부숴 버리고 말았다. 순식간에 당한 일이라 어찌할 바를 몰랐지만 섣부른 저항이 무수한 폭력으로 날아들어 아내와 나는 의식을 잃고 말았다.

다음 날 아내가 어린 두 아들을 데리고 집을 비운 사이 분노와 절망에 쌓여 극단적인 생각에 빠져 들었다. 눈물로 뒤범벅이 된 유서를 써 놓고 나는 서서히 의식을 잃었고 아무런 기억을 할 수 없었다.

큰 아들이 다니는 무주성당의 유치원 수녀님께서 아이가 며칠 동안 유치원에 나오질 않자 무슨 일이 생겼는지 걱정이 되어 우리 집을 찾아오셨다가 나를 발견하고 급하게 병원으로 옮겨 나의 어리석은 생각은 미수에 그치고 말았다. 그 뒤 많은 대화를 통하여 지금까지 경험하지 못했던 고요한 마음의 평화를 얻을 수 있었다. 나는 그 길로 아내와 두 아들을 데리고 성당에 나가 교리를 배우고 세례를 받았다. 마태오, 요셉피나, 갈리스토, 베드로의 가정으로 새로 태어난 것이다. 그게 1980년대 중반의 일이었다.

주변의 도움으로 새로운 용기를 얻어 무주읍내 농협 앞에 조그마한 가게를 하나 얻어 아내와 함께 김밥과 국수를 파는 야식집을 열었다. 다시 시작하는 삶이라서인지 아내와 나는 지칠 줄 모르고 보통

새벽 2시까지 일을 했다. 그러나 새로 시작하는 삶이라고 생각하고 뒤를 돌아보지 않으려 했지만 정도(正道)를 벗어난 사회의 모순과 갈등들이 온전하게 보일 리 없었다. 마침 정론직필을 하겠다는 《한겨레》가 창간기금을 모금하고 있다는 소식을 접하고 나는 2, 300원짜리 국수를 팔아 모은 돈 100만 원을 마련해 《한겨레》 창간기금으로 흔쾌히 쾌척했다. 그리고 《한겨레》 무주지국장을 맡아 한편으로 내가 떠들어대고 싶었던 쓴 소리와 곧은 소리를 내면서 다른 편으로 새벽공기 가르며 이 골목 저 골목을 뛰어다녔다. 신문을 돌리는 배달학생들이 3일을 넘기지 못했다. 정보과 형사들이 배달학생 부모를 만나 "《한겨레》를 배달하면 빨간 줄이 올라가서 학교를 졸업해도 취직도 안 되고 출세 길이 막힌다."며 은근히 협박하고, 형사들이 뒤따라 다니면서 이미 배달한 신문을 수거해 가는가 하면, 우체국에 발송한 신문이 덩어리째 증발해 버릴 때도 있었다.

가치관이 혼미해지고 현기증이 날 정도였다. 민주화로 가는 과도기라 치부할 수 있겠으나 한 개인이 정의를 실현하겠다고 외치는 아우성에 대한 박해와 탄압은 고통이라기보다 고문이었다. 내가 스티븐 코비가 이야기한 "기억은 과거다. 기억과 과거는 유한하다. 비전은 미래다. 비전과 미래는 무한하다. 비전은 역사보다 크고, 선입견보다 크고, 과거 감정의 상처보다 크다. 비전은 경험과 과거를 뛰어넘을 수 있게 해준다."는 말을 되뇌이는 것도 바로 이 때문이다.

사랑의 채찍은 꿈을 키웠다

사랑하는 당신에게!

나는 따뜻함 사람이기보다는 엄격한 사람에 가깝다고 생각하는 당신에게 어떤 말부터 해야 할까를 고민하게 됩니다. 아마 내가 당신에게 해야 할 말은 단 하나인 것 같습니다. 여보, 사랑합니다.

벌써 우리가 결혼한 지도 30여 년이 다 되어갑니다.

내가 당신을 만난 것은 20대 중반. 그때는 혈기왕성한 청년이었습니다. 불의를 보면 참지 못하는 야생마 같았던 나였지요. 지금도 당신은 나를 보고는 변한 것이 하나도 없다고 하지만 그래도 세월의 무게는 어쩔 수 없나 봅니다.

사랑하는 당신.

당신을 처음 만났을 때, 내가 가진 것은 하나도 없었습니다. 돈도 배움도 뚜렷한 직업도 미래도 비전도 없는 그런 나였습니다. 그러나 가진 것은 단 하나 당신에 대한 사랑뿐이었습니다. 그 사랑 하나만을 믿고 당신은 나를 선택해 주었습니다. 가는 길마다 가시밭길이고, 험난한 길이었으며, 외로움과 싸워야 했고, 홀로 결정을 내리고 일어서야 하는 삶의 나날이었습니다.

지금 돌아다보니 내게는 언제나 어려움뿐이었습니다. 위기와 좌절, 꿈과 희망도 없는 삶이었습니다. 어려웠던 지난 과거가 스스로의 의지와 의욕을 꺾기에 충분했고, 해야 할 일이 아무것도 없어 슬픔과 자탄에 빠져 지낸 날이 한두 번이 아니었습니다. 그러나 그때마다 당신의 따뜻한 격려와 지원이 내가 무엇을 해야 할 것인가에 대한 확신을 가지게 했고, 미래에 대한 비전과 나 자신을 더 사랑하고 희망을 가지게 해 주었습니다.

결혼 초기부터 가정과 돈에 대해서는 관심도 없고 반독재 민주화 운동에 정열을 바쳤던 나였습니다. 나의 하루는 언제나 정보과 형사들과 시작하였고 시국이 불안할 때면 가택연금의 연속이었습니다.

당신은 내게 용기와 격려를 불러 일으켜 준 인생의 동반자요, 위대한 힘이었습니다.

반독재 민주화운동을 한답시고 가정보다는 밖에서 보내는 시간이 많았고 하루하루가 불안한 나날을 보냈습니다. 그런 내 모습을 보면서 당신은 불평과 불만을 내비치기보다는 언제나 힘과 용기를 불러 일으켜 주었습니다. 최루탄과 화염병이 난무하는 집회현장에서 온몸이 녹초가 되어서야 집으로 돌아오던 나를 한없이 따뜻한 마음과 격려로 용기를 심어 주던 당신에게 이제야 고맙다는 말을 전합니다.

당신은 수수함을 평생으로 안고 살아가는 사람인 것 같습니다. 물욕보다는 자신의 일에 만족하고 이웃을 사랑할 줄 아는 당신의 마음을 나는 더 사랑합니다. 충북 영동 앞치저수지 외딴집에서 낚시꾼들에게 라면을 끓여주고 끼니를 때울 때도, 농협 앞에서 야식집을 하면서 밤새 김밥을 말거나 국수 한 그릇을 더 팔기 위해 그렇게 어려운 시간들을 보내면서도 언제나 당신은 내게 밝은 모습을 보여주었습니다.

집이 강제 경매되어 어느 날 갑자기 거리에 내몰릴 때에도 눈물 한 방울 보이지 않고, 어린 두 아들을 끌어안고 격려하던 당신을 볼 때 왜 우리에게는 이렇게 숱한 고통과 어려움만 있는가 하는 원망에 한없이 울기도 했습니다. 행여나 당신은 어린 자식들이 볼까봐 불이 꺼진 어두운 뒷방에서 소리 죽여가면서 울었지요. 그때 일을 생각하면 당신의 어엿한 모습 속에 얼마나 속울음을 삼켰을까를 지금도 생각하게 됩니다.

여보! 고마워요.

군수가 된 지도 어느덧 10년이 지났지만, 당신은 일반인들이 생각하는 군수의 아내이기를 포기했습니다. 내가 군수가 된 후에도 조그마한 문구점의 여주인의 모습으로 살아가는 당신의 모습을 볼 때마다 미안한 마음이 앞섭니다. 언제나 그래왔듯이 변함없이 자기 일을 사랑하고 열심히 살아가는 당신의 모습을 나는 지금도 사랑합니다.

밖에 일은 나 보고 알아서 하라고 하고, 집안일은 당신이 스스로 꾸려 나간다면서 일손 놓기를 거부하는 모습을 보면서 애처로울 때가 한두 번이 아닙니다. 더욱이 군청 직원들이 문구점에 물건을 사러 올까봐 그것 또한 내게 누가 된다면서 거부하는 당신을 보면서 당신이 더 자랑스럽습니다.

군수 월급이 얼마인지도 모르고 한 번도 월급봉투를 전해 주지 않은 나를 보면서도 투정 한 번 하지 않은 당신입니다. 때로는 월급봉투를 받아들고 온 가족이 웃고 기뻐한다는 일반 사람들의 모습을 그려볼 때가 있습니다. 내가 보증을 서 준 것이 잘못되어 남편 월급을 구경 한 번 못해 본 당신이지만 한 마디 이야기도 하지 않고 살아가는 것을 보면서 당신의 마음은 어떨까를 생각해 봅니다. 참으로 입이 열개라도 할말이 없을 뿐만 아니라 지금까지도 당신의 힘으로만 아이들 뒷바라지며 살림살이를 꾸려오게 한 나의 무능은 당신의 너그러움 앞에 고개가 숙여질 뿐입니다.

그러나 당신은 내가 인생의 목표와 비전도 없이 한때 방황하는 나를 보고 때로는 가차 없는 비판과 충고를 하는 그런 단호함도 보여주었습니다.

민주화운동을 한답시고 독재타도만 떠들다 보니 나만 요주의 인물로 찍힌 것이 아니고 당신이 하던 식당도 요주의 식당으로 찍혀서 장사 잘되던 식당을 문 닫게 만든 일이 생각납니다. 그때 당신은 나에게 "장래 무엇이 되겠다는 꿈을 위해서 떠들고 다니면 어떠한 고생을 해도 달게 받겠지만, 그런 꿈도 없이 장사만 망치게 할 거라면 우리 서로 갈라서자."는 말만 남긴 채 뒤도 돌아보지 않고 집을 나가버렸던 매정한 사람이기도 했습니다.

꿈을 가지고 반독재 민주화투쟁을 하면 그 어떤 시련도 달게 받겠지만, 그런 비전과 철학도 없이 살 바에야 갈라서자고 단호하게 나오는 당신의 모습이 내게는 앞이 캄캄한 충격이었습니다. 그때 당신의 그 모습은 내가 오히려 무엇을 해야 하고, 어떤 일을 해야 하며, 인생을 어떻게 살아야 하는가에 대한 삶의 의문을 던져 주었고, 그것이 나를 더 혹독하게 노력하는 길로 가게 해 주었습니다.

먹고 사는 것도 중요하지만 이 암담한 세상에 억압 받고 고통 받는 사람이 나뿐만이 아니라 대다수의 국민이라고 생각하고 그들을 위해 정치인이 되겠다고 했을 때, 당신은 그런 꿈을 가졌다면 지금부터 공부를 해야 된다고 했습니다. 데모만 하고 돌아다니면 언제 그런 꿈을 이룰 수 있겠느냐며 공부를 하고 실력을 갖추어야 한다고 그동안 잊고 살았던 배움에 대한 열망을 불러 일으켜 주기도 했습니다.

정규학력이 중학교가 전부인 나에게 배움만이 꿈을 이룰 수 있는 길이라고 공부를 채근하던 당신의 모습이 지금도 생생합니다. 늦깎이로 방송통신고등학교에 진학해 라디오를 통해서 강의를 듣던 지난날이 지금도 눈앞에 떠오르는 듯합니다. 식당일이 힘들어 지쳐 있는 몸으로, 행여나 내가 밖에 나가 있어 강의를 듣지 못하면 라디오 강의를 녹음해 주거나 그 내용을 정리해 공부하게 했던 당신이기도 했습니다.

아마 당신의 따뜻한 격려와 채찍이 방송통신대를 졸업하게 하고, 석사 과정을 거쳐 한양대학교 행정대학원에서 행정학 박사학위를 받을 수 있도록 했는지도 모릅니다. 수료식 날 당신에게 가운을 입혀 주고 싶은 마음 굴뚝같았지만, 그렇게 하지 못한 내가 지금은 후회가 됩니다.

일찍이 롤랑이 들려주었던 말이 생각납니다. "어머니는 아들의 반

을 완성시키고, 남은 반은 아내가 완성시킨다."는 말처럼 내 인생의
반은 당신이 완성시켜 준 것입니다.

　당신은 장모님에게서 물려받은 절약정신이 몸에 배어 있어 낡은 물건
도 선뜻 버리지 못하는 알뜰한 사람입니다. 쓸 만한 물건이 있으면 모아
두었다가 필요한 사람들에게 조용히 나누어 주던 따듯한 마음씨를 보면
서 우리 지역에 있는 불우소외계층의 할머니 할아버지들의 모습을 떠올
려 봅니다. 군수 아내로서의 고고함보다는 수수한 생활 자체로서 사는
것이 내 수준에 맞는 것 같다는 소박한 마음이 더 나를 기쁘게 합니다.
　사랑한다는 말 한 마디 따듯하게 들려주지 못하고, 고맙고 고생한
다는 이야기 또한 해주지 못하고, 오늘도 하숙생처럼 잠만 자고 이른
아침에 집을 나가는 나를 묵묵히 받아주는 당신이 고마울 뿐입니다.
　오늘도 당신이 선택해 준 넥타이와 곱게 다려준 와이셔츠를 다시
한번 봅니다. 당신을 위해서 해야 할 일은 우리 집의 일이 아니라 우
리의 이웃의 일이라는 것을 다시 한번 생각하게 됩니다.
　"사랑해요. 여보!"

2005년 12월 마지막 날
사랑하는 남편으로부터

자연을 만난 시간들

나는 11년 동안 군수직을 수행하면서도 군수라는 직함보다 더 듣기 좋은 직함이 다름 아닌 자연주의자이자 환경운동가라는 것이었다. 어릴 적부터 무주의 수려한 자연의 품안에서 자라난 나는 푸르고 넉넉한 자연경관을 좋아하게 됐고 나의 자연주의 사상은 그렇게 싹트기 시작했다.

군정을 수행하면서 이러한 나의 자연사상과 철학은 자연스럽게 업무에 투영되었다. 인간과 자연이 가장 평화롭게 공생공존하는 무주를 만들겠다는 일념에 군정방향을 "자연주의가 좋다, 반딧불이와 함께 생명평화의 땅 무주"로 정한 것도 이러한 이유에서였다.

온갖 생명들이 평화롭게 서로를 배려하며 살아갈 수 있는 곳이 바로 무주라는 생각에서였고, 나는 이러한 생명 윤리와 자연의 섭리를 그대로 받아들였다.

나는 거짓 없고 솔직한, 그리고 아름다운 자연을 모두가 같이 공유해야겠다는 생각을 했다. 나 혼자만 즐기지 않고 모두가 함께 자연을 보고 느끼고 이해한다면 훨씬 아름다운 세상이 될 것이라는 생각에서였다.

내가 카메라를 만지기 시작한 것은 1980년대 암울했던 시기에 답답하고 고독한 시간을 주로 산속에서 보낼 때였다. 우연찮게 지인으로부터 사진과 관련한 책자를 하나 선물 받은 것이 직접적인 계기가 되었다. 자연 앞에서 느꼈던 경이로운 감동을 사진으로 담고 싶었다. 당시 카메라의 기능과 사진에 대해 문외한이었던 나로서는 호기심이 발동하기 시작했다. 평소 사진을 해 보고 싶다는 생각은 있었지만 내 형편에 사치라는 생각이 들어 쉽게 접근할 수 없었다.

몇날 며칠 밤을 새워가며 카메라의 기능과 촬영이론을 탐독했다. 늦게 배운 도둑이 날 새는 줄 모른다더니 내가 영락없는 그 꼴이었다. 이론적으로 어느 정도 무장을 하고 나니 온몸이 근질근질했다. 털털한 구형 수동카메라 하나를 배낭에 집어넣고 무작정 덕유산을 오르내렸다.

눈앞에 펼쳐지는 덕유산의 운무와 시시각각으로 펼쳐지는 장엄한 전경은 이전에 보았던 덕유산의 모습과 달라보였다. 나는 아름다운 덕유산의 자연 풍광을 렌즈에 담고 싶은 마음에 미친 듯이 셔터를 눌러대기 시작했다. 산을 내려와 현상을 해보니 그리 썩 좋아 보이지는 않았지만 그런대로 봐줄만 했다. 나의 첫 번째 출사는 이렇게 시작됐고 사진과의 인연은 이렇게 맺어졌다.

프랑스의 사실주의 화가인 쿠르베가 한 말 중 "나는 보이지 않는 천사는 그리지 않는다."라는 말이 새삼 머릿속에 떠오른다. 사진은 자연의 신비와 아름다움을 있는 그대로 사람들에게 보여준다. 거짓 없는 자연의 삶 속에서 배우게 되는 진리라는 것이 나는 너무 좋았고 사진에 흠뻑 매료되었다.

나는 공인인지라 머릿속이 복잡하거나 스트레스가 쌓일 때마다 운동을 겸해서 카메라 배낭을 둘러메고 집을 나서는 습관이 생겼다. 카메라 배낭을 챙기는 순간부터 나는 이미 자연 속에 서 있는 자연의 친구이자 사진작가가 되어 있었다. 사진은 이미 나의 인생의 한 부분을 차지하고 있었고 이렇게 자연과의 만남은 항상 새로움을 갈구하는 나의 욕구를 신체적인 재충전으로 또한 정신적인 재충전으로 넉넉히 충족시켜 주었다.

〈덕유산의 밤하늘〉이라는 사진을 촬영할 때였다. 저녁을 일찍 먹고 아내와 두 아들을 데리고 산에 올랐다. 사실 무엇을 할 것인가를 생각하고 덕유산에 오른 것은 아니었다. 단지 업무로 인해 가족들에게 많은 시간을 할애하지 못한 미안함 때문에 하룻밤을 덕유산에서 같이 하고 싶은 생각에서 야간등반을 시도했던 것이다.

그러나 덕유산을 오르는 도중 초롱초롱 떨어지는 별빛은 이마에서 흘러내리는 땀방울과 함께 더욱 빛나 내 마음을 사로잡고 말았다. 쏟아질 것 같은 덕유산의 별빛을 카메라에 담고 싶은 충동이 일었다. 정상의 주목 군락지에 도착하자마자 나는 카메라를 꺼냈다.

이 모습을 지켜본 아내와 두 아들은 예상했던 일이지만 "사진 찍으러 오셨어요?" 하는 불만 섞인 말투였다. 그 말이 들릴 리 만무했다. 주섬주섬 카메라를 챙기고 별의 운항을 관측하기 시작했다. 환하게 빛나는 북극성이 유난히 또렷하게 보였다. 삼각대를 설치하고 조리개와 셔터 타이밍을 조절해 놓고서야 가족들이 눈에 들어오기 시작했다.

아내와 두 아들은 아빠에게 무언가를 잔뜩 기대하고 산에 따라 올랐지만 나의 일에만 푹 빠진 태도에 잔뜩 불어 있었다. 나는 이러한 불만을 알아차리고 "오늘은 자연학습 시간이다. 별의 운항과 형태를 잘 관찰하면 우주의 이치를 깨닫게 되니 다 함께 관찰 한 번 해 보자."며 너스레를 떨었다.

서릿발이 선 초겨울 덕유산은 만만치 않았다. 추위가 엄습해 왔고 아내와 두 아들을 꼭 보듬고 산장으로 돌아와 모처럼 가족끼리 도란도란 얘기꽃을 피웠다. 아내와 두 아들들이 깊은 잠에 빠져들 때 새벽녘 덕유산은 파란 물감을 드리운 듯 영롱하게 빛나고 있었다. 5시간 노출 끝에 겨우 사진 한 장을 얻었고 이 사진은 뒷날 천체사진공모전에서 금상을 수상하기도 했다.

산이면 산, 계곡이면 계곡, 심저어는 구름과 하늘까지 대자연의 신비와 경이로움을 향한 나의 마음과 열정은 식을 줄 몰랐다. 이렇게 사진을 찍으면서 나는 대자연의 또 하나의 영역인 마이크로의 세계, 작은 자연을 보게 됐다.

가을 날 적상산 단풍을 카메라에 담고자 산에 오르는 도중 잠자리 한 마리가 내 앞에 놓여진 배낭 끝에 자리를 잡고 있었다. 나는 무의식적으로 셔터를 눌렀다. 산을 내려와 인화를 해 보니 잠자리의 선명한 모습 속에 우리가 일상에서 사용하는 모든 색조가 다 나타나 있었다. 뚜렷한 눈망울의 망점은 나에게 고백을 하고 있는 듯한 표정을 하고 있는 것처럼 보였다.

틈틈이 소자연의 자태를 카메라에 담아낼 때면 무주의 야생화와 곤충들은 내 앞에 수줍은 자태로 기꺼이 모델이 되어 주었다. 이렇게 해서 천여 점에 달하는 사진들을 촬영할 수 있었다. 사진들을 정리하면서 나는 이들의 표정을 읽을 수 있다. 아픈 표정, 즐거운 표정, 찡그린 표정, 행복한 표정 등 각양각색의 표정을 보며 나는 자연을 노래하고 지금도 그들의 평화를 위해 노력한다.

내가 군정을 추진하면서 '생명평화의 땅 무주'라는 캐치플레이를 내건 이유가 있다. 무분별하게 포획되어 죽어가는 야생동물들의 울부짖는 절규를 무주에서만큼은 안전지대로 만들어 주기 위함이었다.

어느 휴일 날 산에 오르다 밀렵꾼이 설치한 덫에 걸려 신음하는 고라니 한 마리를 보게 됐다. 있는 힘을 다해 덫을 제거하고 손수건을 찢어 상처 난 다리를 감아 주고 풀어 주었다. 겁에 질린 고라니는 절룩거리며 숲 속으로 유유히 사라졌다.

그날 밤, 꿈속에서 돌아가신 어머니가 덫에 걸렸던 그 고라니를 데리고 나타나셨다. 참으로 소스라치도록 놀랍고 예사롭지 않은 일이었다. 나는 그 꿈을 꾸고 난 후 야생동물 밀렵단속을 대폭 강화하고 전국 최초로 야생동물을 잡지 못하게 하는 금렵구역을 선포했다. 이일이 있은 후 산에 오를 때마다 우연히 만난 산토끼와 다람쥐 등 자연의 친구들은 나를 보고 화들짝 놀라지도 않고 특별하게 경계하지도 않는 눈치였다.

'존재하는 모든 생명은 고통 받기를 싫어한다.'는 가르침 속에서도 자연의 생명들은 이유 없이 죽어 가고 있다. 왜 우리는 죽어 가는 그 생명들의 비명소리를 들으려 하지 않는가?

두메산골 덕유산에서 황해를 돌아 동해를 거쳐 금강산과 백두산까지 장엄한 대 자연의 숨결을 느끼고 생명들의 속삭임을 들었다. 그리고 신비스러움과 경이로움까지! 가슴 벅찬 감동을 오래오래 간직하며 나누고 싶었다. 그리고 삼천리 금수강산의 아름다움을 자자손손 영원토록 지키고 싶었다. 반딧불이와 함께 생명들의 평화까지.

사진집 《자연과 만난 시간들》 중에서

인생이란 무엇인가

어떤 국왕이 학자들에게 인생이란 무엇인가에 대해서 연구를 하라고 명령을 내렸다.

30년 후에 몇 사람의 학자들이 낙타 등에 수십 필의 연구 논문을 싣고 국왕을 방문했다. 인생에 대한 정의 또한 어느 누가 쉽게 단안을 내릴 수 없음을 안타깝게 생각한 학자들은 그동안의 연구논문을 가져다 국왕에게 바치는 것으로 일을 마치고자 했다.

그러나 나이가 들어 노쇠한 왕은 "모두 읽을 힘이 없으니 간단하게 정리하라."고 다시 명령을 내렸다.

학자들은 몇 년이 걸려 다시 한 권의 책으로 정리해 국왕에게 보고하였다. 국왕은 나이가 더 들어 눈도 나빠지고, 귀도 나빠졌다. 왕은 그 한권의 책도 읽을 수 없을 정도로 나약해져 있었다.

"나는 이제 남은 수명이 얼마 되지 않으니 이것을 읽을 시간도 없다. 인생이란 무엇인가를 빨리 알고 싶구나. 누구든지 좋다. 한 마디로 인생을 표현하라. 빨리……."

학자들은 잠시 의논을 하였다. 그리고 한 사람이 대표자가 되어 왕의 귓전에 대고 큰소리로 말했다.

"전하! 사람은 태어나 늙고 병들고 그리고 죽어가는 것입니다"

국왕은 빙그레 웃으면서 "그렇구나." 하고 세상을 떠났다.

인생이란 학자들이 국왕에게 대답하기 어려울 정도로 첨예한 철학적인 문제만을 담고 있는 것도 아니고, 불교에서 이야기하는 팔고(八苦) 중에 생로병사만을 언급하고 있는 것도 아니다. 각자 가지고 있는 '인생이란 무엇인가' 라는 인생철학이 자신의 인생을 윤택하게 하거나 행복하게 할 수 있는 바로미터가 된다는 평범한 사실을 우리는 잊고 있는 지도 모른다.

인생이란 한 가지 공식으로 이루어지는 것은 아니라는 것을 매번 느낀다.

대부분의 책들은 인생이란 무엇인가에 대해서 간접적으로 이야기한다. 소설의 주인공들을 통해서 그것을 이야기하고자 하며 직접적으로 인생을 이렇게 살아야 한다고는 이야기하지 않는다. 그런 의미에서 톨스토이의 『인생이란 무엇인가』라는 책은 제목부터가 상당히 도전적인 느낌을 준다. 솔제니친이 "세상에서 단 한 권의 책만 가지라 하면 나는 주저 없이 이 위대한 책을 선택할 것"이라고 했다는 책이다.

아마 단숨에 읽어 내기는 쉽지 않을 듯하다. 1,000여 페이지가 넘는 분량을 단숨에 읽어 버릴까 생각도 했지만 곧 의미가 없음을 깨달았다. 일기를 쓰듯 날짜별로 기술되어 있는데 매일 한 테마별로 시공간을 초월한 철학자들의 사상과 저자의 생각이 집약되어 있다. 톨스토이의 인생관과 사상을 집약시킨 이 책을 보면서 나는 참 많은 생각을 했다. 어떤 부분에서는 수긍을 하며 고개를 끄덕이다가도 또 어떤 부분에서는 고개를 갸웃거리며 의문을 품으면서 그렇게 읽어 나갔다. 묵상집의 분위기를 풍기는 이 책을 읽으면서 왠지 모르게 마음이 평안해졌다. 톨스토이는 인생에 대해 직접적으로 자기 생각을 이야기하는 것이 아니라 다른 사람들의 유명한 문구들을 인용해서 들려준다.

톨스토이의 마지막 저작이며 치밀한 구상과 세심한 고찰을 거쳐 15년만에 집대성한 필생의 대작으로, 영적인 측면을 너무나 부각시키고 종교적 인용문이 많다는 이유로 옛 소련 치하에서 금서로 분류됐던 이 책은 페레스트로이카 이후 지난 1995년 러시아에서 재출간되어 국민적 인기를 끌기도 했다.

1년 365일 매일의 일기로 구성되어 있고, 매주 끝에 한 주간의 도덕, 철학 또는 종교적 주제에 상응하는 52개의 짧은 이야기들을 싣고 있다. 아리스토텔레스부터 칸트, 플라톤, 소크라테스 등을 비롯해 공자와 노자, 부처의 철언과 인도와 중국의 속담, 탈무드, 아랍의 전설에 이르기까지 동서양의 철학적 견해, 문화적 배경, 그리고 역사적 시기를 모두 아우르고 있다. 톨스토이가 절대 사람들의 기억에서 사라지지 않을 것이라고 단언할 만큼 자랑스러워했던 책이다.

톨스토이의 『인생이란 무엇인가』는 무주군청 400여 공무원들에게 한 권씩 선물한 책이기도 하다. 책을 선물한 이유는, 나의 끊임없는 일 욕심으로 인해 평소 과중한 업무의 짐을 떠맡은 동료공직자들에게 뭔가를 해 주고 싶은 마음이 있었지만 솔직한 심정은 지역발전의 동반자로서 인생을 같이 느끼고 싶고 가치관을 함께 공유하고 싶어서였다.

내가 10여 년 동안 군정을 수행해 오면서 변함없이 간직한 것이 있었다면 그것은 열정이었고 버린 것이 있었다면 요행이었다. 불도저라는 별명과 나의 저돌적 이미지는 한편으로 동료 공직자들에게 당찬 카리스마로 보여졌을 것이다.

그렇다고 나는 이러한 이미지를 떨쳐버리기 위해 가식적으로 술수를 부리고 싶은 생각은 전혀 없었다. 세상은 속 다르고 겉 다른 교활한 술수가 어지럽힌다. 온통 처세술과 사교술이 마음에도 없는 감언이설과 립 서비스를 늘어놓는다. 역겹고 어지러울 뿐이다. 속으로는 부글부글 끓어 오르면서도 겉으로는 억지웃음을 만들어 내야만 손해를 덜 보는 외유내강형 지배문화가 주류를 이루고 있다. 칭찬은 고래도 춤추게 한다지만 남발한 칭찬은 교만을 낳고 태만을 낳을 뿐이다. 문제는 칭찬이든 꾸중이든 경솔하지 말아야 한다는 것이고 상을 줘야 할 때 상을 주고 벌을 줘야 할 때 벌을 주는 원칙중심의 공동체 문화와 신상필벌 문화가 왜곡되지 말아야 할 것이다. 우리는 사육되어지는 고래가 아니라 가장 이성적이며 지성적인 공직자이기 때문이다.

『인생이란 무엇인가』라는 책에서 나는 많은 교훈과 영감을 얻었다. 주옥같은 잠언들을 많이 인용했고 실생활에 접목하기도 했다. 책자 487쪽 6월 1일자를 보면 "유해한 일을 하느니 차라리 하지 않는 것이 더 낫다."라는 글귀가 있다. 이 글귀가 주는 의미가 무엇인가 깊이 생각하지 않을 수 없었다. 공직자로서 지켜야 할 덕목과 비추어 보았다.

공직자가 원칙과 소신 없이 일을 했을 때, 그 피해가 고스란히 다수의 주민들에게 돌아갈 수 있다는 생각을 하게 됐다. 이튿날 출근을 해서 순회결재를 마친 후 직원들과의 간담회 자리에서 나는 어제 읽은 글귀를 생각하며 나의 소신을 밝혔다. 나의 트레이드마크가 되어버린 "처삼촌 묘 벌초하듯 하지마라."란 말도 이 때문이었다.

나는 철저하게 10(십)14(일사)주의자다. 하루를 24시간이라고 할 때 10시간은 철저하게 나를 위한 시간이고 14시간은 철저하게 주어진 업무, 즉 일을 사랑하는 시간이다. 10시간은 신체적·정신적 에너지를 재충전하기 위해서 잠자고 운동하고 책보는 시간인데 바로 이 책을 보는 시간이 10시간 중에 가장 행복한 시간이었다. 시간을 아끼기 위해 반신욕을 하면서 주로 이 책을 읽었다. 1년 여에 걸친 긴 시간 동안 탐독한 이 책은 다시 읽고 싶은 매력과 함께 내 인생을 되돌아보고 새로운 전환점을 마련하는 충분한 동기가 됐다. '좋은 것은 함께 나누라.'는 말처럼 나와 목적을 같이하는 동료공직자와 기쁨을 같이 나누기 위해 나는 기꺼이 이 책을 나눈 것이다.

'인생이란 무엇인가?'란 질문은 정확히 What(인식대상에 대한 것)이 아니고, How(사는 방법)에 관한 질문일 것이다. 문제는 지금까지

이 분야의 철학가나 사상가 등 전문가들은 주로 What(인생이란 무엇이다)에 치중했고, 일반인들은 한탄이나 불만과 같은 감정을 표출하는 감탄사로만 사용해 왔다.

'인생이란 무엇인가?'라는 질문, 아니 정확히는 '어떻게 하면 인생을 잘 살 수 있나?'라는 질문에 대해 답을 찾는 데는 공통적이며 중요한 '열쇠'가 있다. 바로 인생에 대한, 인생을 바라보는 자세의 변화이다. 다시 말하면, 피동적이고 허무주의적인 도피적 인생관을 적극적·참여적 인생관으로 바꾸는 것이다. 쉽게 말하면. '내 인생의 주인은 나'라는 자세를 갖는 것이다. 또한, '나는 내 인생을 선택할 수 있다.'는 자세이기도 하다.

늘 자신의 곁에 두고 반복해 책을 읽던 톨스토이는 죽음을 앞두고 딸 타자냐에게 10월 28일 부분을 읽어 달라고 했다. "고뇌는 활동에 대한 박차(拍車)의 역할을 한다. 그리고 우리는 그 활동 속에서 생명을 느낀다."는 칸트의 말이 인용돼 있다. 어쩌면 그는 이미 육체의 죽음을 넘어 영원히 사는 법을 깨달았는지도 모를 일이다.

10월 8일의 계명에서 실러가 했던 "편안한 환경에 익숙해져서는 안 된다. 그것은 곧 과거가 될 것이니, 가진 자는 잃어버릴 것을 생각하고, 행복한 자는 괴로움을 배워 두어야 한다."는 말이 의미 있게 들린다.

대한민국 지방자치

초판1쇄 2006년 2월 23일

지은이_김세웅
펴낸이_최용철
펴낸곳_프리즘하우스

등록일_2004년 7월 6일
등록번호_제 313-2004-000175호
주소_서울시 마포구 서교동 369-25
전화_02)338-7733
팩스_02)335-7849
홈페이지_www.prismhouse.co.kr

ⓒ김세웅 2006, Printed in Korea

ISBN 89-956769-6-5 03350

값 10,000원

*잘못된 책은 교환해 드립니다.